JN412187

무슨 말인지 몰랐던

비행기 기내방송 배우기

In-flight Announcement

이향정 · 엄경아

Profile

이향정

백석대학교 관광학부 항공서비스전공 주임교수
대한항공 선임사무장 및 객실훈련원 방송교육 역임
항공사 재직 시 여승무원 최초 박사1호 취득
『하늘을 나는 여우 스튜어디스의 해피플라이트』 저자

엄경아

백석대학교 관광학부 항공서비스전공 전임교수
대한항공 부사무장 및 객실훈련원 훈련교관 역임
대한항공 최우수 여승무원 사장표창

무슨 말인지 몰랐던
비행기 기내방송 배우기

2015년 9월 10일 초판 1쇄 인쇄
2015년 9월 15일 초판 1쇄 발행

지은이 | 이향정 · 엄경아
펴낸이 | 김종욱
펴낸곳 | 지식인
등 록 | 제301-2013-134호
주 소 | 서울시 도봉구 도봉로 476, 415호(삼성쉐르빌퍼스티)
전 화 | 02)2266-8606 (대)
팩 스 | 02)2266-8607
이메일 | jisikin2013@naver.com
홈페이지 | www.jisikinbook.co.kr

ISBN 978-89-98591-59-5 (93320)

값 16,000원 (CD 포함)

무슨 말인지 몰랐던

비행기 기내방송 배우기

In-flight Announcement

PREFACE

기내방송은 승객의 안락한 여행을 위한 길잡이로서 비행 중 제공되는 각종 서비스 내용과 항공여행에 필요한 정보를 전달해 준다. 또한 유사시에는 승객을 적절히 통제하여 효율적인 대처를 가능케 하는 중요한 기능을 지니고 있다. 항공교통이 대중화되고 해외여행이 보편화됨에 따라 기내방송에 대한 승객의 관심도가 나날이 증가하고 있음을 고려해 볼 때, 그 중요성은 아무리 강조해도 지나치지 않을 것이다.

최근에는 항공사 입사면접에서 기내방송문을 낭독하는 시험을 치루고 있기 때문에, 예비승무원은 평상시에 철저한 연습을 해야 할 것이다. 방송할 때에는 신중하고 성의 있게, 그리고 승객 한 사람 한 사람과 대화를 나누듯이 부드럽고 친절하게 해야 한다. 방송을 잘하려면 선천적인 자질도 필요하지만, 보다 중요한 것은 본인의 부단한 노력이 요구된다.

이러한 배경을 가지고 이 책은 크게 3가지 부분으로 나누어 구성하였다. 첫 번째, 기내방송의 기본을 이해하고 구성과 절차를 파악하도록 하였다. 두 번째, 기내방송을 위한 기초단계로서의 발성과 어려운 발음연습, 음성관리와 같은 발성과 호흡을 다루었다. 세 번째, 항공업무 프로시저(Procedure)에 따른 기내방송문과 비정상적 상황에 대한 안내방송을 할 수 있도록 기상요인, 정비 및 보안, 운송, 운항 및 ATC, 기타 용어와 같은 정확한 한글·영문 표현법을 다루었다. 이때 전체적인 기내방송문은 국내 항공사에게 가장 최초로, 그리고 오랫동안 기내방송을 실시한 대형 항공사의 예문을 따랐다. 현재 운항 중인 국내 항공사들은 이를 참고로 각 항공사의 콘셉트에 맞도록 응용, 축소, 변경하였으나 기본적인 틀은 동일하다고 볼 수 있기 때문에 예비승무원들이 활용하기에 가장 적절하다고 판단된다.

아무쪼록 이 책을 통하여 예비승무원으로서 차분히, 그리고 보다 쉽게 기내방송을 할 수 있기를 소망한다. 그리고 이 책을 최대한 활용함으로써 기내방송이 지향하는 바가 충실히 이루어질 수 있도록 꾸준히 노력하길 바란다. 이 모든 일을 하게 해 주신 주님께 감사드리고, 더불어 기내방송 분야에 연구업적을 쌓아주신 국내·외 선행 연구자들과 출간 기획부터 편집, 수정, 발행까지 전 과정에 애정을 담아주신 지식인출판사 관계자 분들께도 감사를 전한다.

저자 일동

CONTENTS

PART 1 기내방송의 첫걸음

CHAPTER 01 기내방송의 이해 011
1. 기내방송 011
2. 기내방송의 중요성 012
3. 기내방송의 책임 012

CHAPTER 02 기내방송의 구성 015
1. 항공사 기내방송 순서 015
2. 면접 낭독 기내방송 021
3. LCC(저비용항공사) 재치 발랄한 기내방송 026

PART 2 기내방송을 위한 발성과 호흡

CHAPTER 03 발성의 기초단계 037
1. 좋은 음성관리 037
2. 발성과 호흡 038
3. 전달력을 높이는 기내방송 045

CHAPTER 04 어려운 발음연습 050
1. 한국어 발음연습 050
2. 영어 발음연습 057
3. 중국어 발음연습 065
4. 보이스 트레이닝 072

CHAPTER 05 음성관리 083
1. 기내 환경적 영향관리 083
2. 비행 심리적 영향관리 085
3. 비행에 따른 신체적 영향관리 088

PART 3 항공업무 절차에 따른 기내방송

CHAPTER 06 승객 탑승 전 기내방송 ········ 093
1. 사전 탑승안내 ········ 093
2. 출발 지연방송 ········ 094
3. 탑승구 변경안내 ········ 095

CHAPTER 07 승객 탑승 시 기내방송 ········ 097
1. 탑승편 안내방송 ········ 097
2. 수하물 안내 ········ 098

CHAPTER 08 이륙 전 방송 ········ 100
1. 탑승편 및 수하물 안내 ········ 100
2. SLIDE MODE 변경방송 ········ 100
3. 환영인사 ········ 101
4. 승객 안전 브리핑 ········ 112
5. 이륙안내 ········ 117

CHAPTER 09 이륙 후 방송 ········ 118
1. 좌석벨트 사인 꺼짐안내 ········ 118
2. 특별서비스 안내 ········ 120
3. 서비스 계획 안내방송 ········ 121
4. 면세품 판매안내 ········ 122
5. 입국서류 작성안내 ········ 126
6. 비행 중 기체요동 시 ········ 127
7. 도착 전 식사서비스 ········ 128

CHAPTER 10 착륙준비 및 착륙 후 방송 ········ 130
1. 헤드폰 및 잡지회수 안내 ········ 130
2. 도착지 정보안내 ········ 131
3. 착륙준비 안내 ········ 145
4. 검역안내 ········ 147
5. 환승안내 ········ 148
6. 환승게이트 안내 ········ 150
7. APPROACHING 안내 ········ 151
8. 착륙안내 ········ 152

9. 착륙 후 안내 ... 153
10. 기내 검역대기 ... 159
11. 하기시작 ... 160
12. 국제선 도시별 특성문안의 예 ... 161

CHAPTER 11 기타 방송 ... 168
1. 오디오 / 비디오 시스템 점검 ... 168
2. 전자기기 사용 안내 ... 169
3. 기내금연 안내 ... 169
4. 관제탑 이륙허가 대기 ... 170

CHAPTER 12 비정상적 상황 안내방송 ... 172
1. 항공기 제빙작업 ... 172
2. 회항 및 항로변경 ... 173
3. 승객불편 ... 174
4. PAGING ... 175
5. 기내난동 ... 177
6. 기내 비상사태 ... 177

CHAPTER 13 항공 용어 ... 180

부 록 공항 명과 도시 명

1. 국외공항 ... 191
2. 국내공항 ... 193

참고문헌 ... 195

PART 1
기내방송의 첫걸음

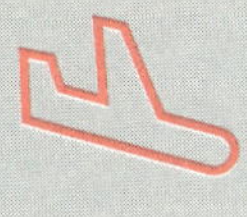

In-flight Announcement

기내방송의 이해

1. 기내방송

- 기내방송은 항공기라는 공간에서 불특정 다수의 승객에게 비행 중 필요한 정보를 전달하는 기능을 가진 서비스이다.
- 기내방송은 기내서비스 업무의 신속하고 원활한 진행을 도울 뿐만 아니라, 비상시에 비행안전 사항에 대해서는 승객을 효율적으로 통제함으로써 승객의 안락하고 안전한 여행을 보장하기 위해 실시한다.
- 비정상 상황 발생 시 효과적인 정보전달 수단으로 활용하며 상황과 여건에 따라 신속한 상황판단 및 대처능력을 발휘하여 정확하고 적절한 방송을 실시함으로써, 승객의 불안감이나 항공기 비정상 상황에 대한 궁금증을 해소시키고 승객의 알고자 하는 욕구를 충족시킨다.

사진자료 : http://happy-flight.jp

그림 1.1 영화 Happy Flight 중

2. 기내방송의 중요성

- 기내방송은 비행기라는 공간적 규모가 있고 다수의 승객이 탑승하므로, 전반적인 정보전달을 하는 수단으로 정확한 내용과 안내에 필요한 중요한 업무이다. 항공서비스 산업에서 기내방송은 정확한 정보와 신속한 의사소통 체계로서 그 메시지 전달의 중요성이 강조된다.
- 많은 승객들은 승무원의 방송메시지를 통하여 기내서비스 및 안전에 관하여 승객 통제에 중요한 역할을 한다.
- 기내서비스에 여러 가지 부분이 있지만, 승객들은 기내방송 내용에 관심도가 높으며 아름답고 정확한 전달의 기내방송으로 항공여행의 백미를 제공한다.

사진자료 : http://braze.com

그림 1.2 기내방송의 역할

3. 기내방송의 책임

- 기내방송은 방송자격을 보유한 승무원에 한해 비행 중 사무장이 임무(Duty)를 부여해야 해당편의 비행 중 기내방송을 전달하게 된다.

- 해당 편수에 방송자격을 보유한 승무원이 2인 이상일 경우에는, 상위 자격 보유자가 담당하게 한다.
- 객실승무원은 방송능력 향상을 위해 노력해야 하며, 평소 아름다운 목소리 관리와 올바른 마이크 사용법을 숙지하고 있어야 한다.
  - 방송문을 유창하게 읽을 수 있도록 평소에 반복적 읽기를 하여 입에 익히도록 한다.
  - 목소리에도 표정이 있으므로, 밝은 스마일을 띄고 정보전달력을 높이기 위해 노력하며 밝고 경쾌한 톤을 유지한다.
  - 적당한 쉼(Pause)과 동일한 억양이 반복되지 않도록 강약과 높낮이를 적절히 섞어가며 변화를 준다.
  - 공연히 멋을 부리기 위한 과한 억양을 사용하지 않고, 말하듯이 상냥하고 여유 있게 표현한다.
  - 외국어는 차분히 또박또박 방송하여 의미 전달이 쉽도록 노력한다.
  - 마이크는 테스트 방송을 실시하여, 볼륨의 상태나 잡음 발생 여부와 성능을 미리 파악하여 자신의 목소리와 조화를 이룰 수 있게 입술과 마이크 사이의 간격을 적당히 잡고 최상의 음질상태가 나오도록 조율한다.

사진자료 : 아랍에미리트 항공

그림 1.3 **기내방송의 책임**

- 방송절차 및 방송문안
  - 기내 방송절차 및 방송문안 사용은 정해진 매뉴얼에 의거하여 방송해야 한다.
  - 방송 중 공항 명칭은 '공항의 정식 명칭'을 사용한다.

> 예 서울 인천국제공항 / 서울 김포국제공항
> 뉴욕 존에프케네디 국제공항

  - 방송언어는 기본적으로 노선에 따라 2~3개 언어를 실시할 수 있다. 국내선에서는 '한국어 - 영어' 순으로, 국제선에서는 '한국어 - 영어 - 현지어' 순으로 실시함을 원칙으로 한다.

기내방송의 구성

1. 항공사 기내방송 순서

1) 기내방송 순서

(1) 국내선

Domestic Announcement

1. Preparations for Departure
2. Welcome : General
   Welcome : Special
   1) 새해인사
   2) 설날
   3) 추석
   4) 성탄절
   5) 석가탄신일
   6) 단체탑승 시
3. Seatbelt Sign Off : 좌석벨트 상시 착용안내
4. Turbulence : 1차
   Turbulence : 2차
5. Approaching
6. Landing
7. Farewell : General / 도시별 특성문안
   Farewell : 돌발상황 발생 시

(2) 국제선

International Announcement

1. Preparations for Departure
2. Welcome : General
   Welcome : Transit Station
   1) Joining Pax 있는 경우
   2) Joining Pax 없는 경우
   3) Unscheduled Stopover
   Welcome : Special
   1) 새해인사
   2) 설날
   3) 추석
   4) 성탄절
   5) 단체탑승 시
   6) 신규노선 개설
3. Seatbelt Sign Off : 좌석벨트 상시 착용안내
4. A380기종 Bar 홍보(New Carrier 홍보)
5. 보졸레 누보 SVC 홍보(특별기간 서비스 홍보)
6. Entry Documents
7. In-Flight Sales
   In-Flight Sales : 카트판매 종료 안내
   In-Flight Sales : 종료 안내
   In-Flight Sales : 면세품 사전주문 안내
8. Turbulence : 1차
   Turbulence : 2차
9. Beginning of The 2nd Meal SVC
10. Arrival Information : General(각 나라별 문구 참고)
11. Station Regulations
   1) 여권 또는 탑승권 소지
   2) 사전 여권검사
   3) 라마단 기간(특정나라)
   4) Spraying Insecticide
   5) Animals and Plants Quarantine

6) 기내검역 대기
12. Transit Procedure
13. Approaching
14. Transit Gate Information
15. Landing
16. Farewell : General / 도시별 특성문안
Farewell : 돌발상황 발생 시
Farewell : Transit Station
17. 리무진 등 항공사 연결 SVC

2) 노선별 방송언어 및 순서

- 항공사에서는 노선별로 방송하는 언어의 지정과 순서를 갖는다.
- 한국어 외에 외국어의 경우, 마케팅 요청에 의해 추가 혹은 순서가 변경되는 경우가 발생한다.
- 기내방송의 언어는 기본적으로 노선에 따라 2~3개의 언어를 실시하는데, 필요에 따라 최대 4개 언어를 실시할 수 있다.
- 이 때 출 · 도착지 언어를 제외한 기타언어에 대해서는 중요한 Welcome이나 Farewell 방송에 한해 실시한다. 단, 언어 방송자격자 또는 미리 녹음된 방송문이 없는 경우는 예외로 실시하지 않는다.
- 국내선에서는 '한국어 – 영어' 순으로 실시하며, 국제선에서는 '한국어 – 영어 – 현지어' 순으로 실시함을 원칙으로 한다. 그러나 내국인으로 구성된 전세편에서는 국내선, 국제선 공히 한국어 방송만 실시한다.

표 2.1 노선별 방송언어 및 순서(Korean Air)

구 분	세부 노선	실시 언어 및 순서
일본	전노선	한국어 – 영어 – 일어
중국	전노선	한국어 – 영어 – 중국어
	HKG	한국어 – 영어 – 광동어(중국어)
	DLC, TAO	한국어 – 영어 – 중국어 – 일어
	ULN	한국어 – 영어 – 몽골어
동남아	BKK, HKT	한국어 – 영어 – 태국어
	CGK	한국어 – 영어 – 인니어
	DPS	한국어 – 영어 – 인니어 – 중국어
	HAN, SGN, DAD	한국어 – 영어 – 베트남어
	KUL, BKI, PEN	한국어 – 영어 – 말레이어
	기타노선	한국어 – 영어
대양주	AKL, BNE, MEL, SYD	한국어 – 영어 – 중국어
	NAN	한국어 – 영어 – 일어
	GUM	한국어 – 영어
미주	ANC, HNL	한국어 – 영어 – 중국어
	LAX	한국어 – 영어 – 일어
	NYC	한국어 – 영어 – 중국어
	ATL	한국어 – 영어 – 중국어
	LAS, SFO, YVR	한국어 – 영어 – 중국어
	GRU	한국어 – 영어 – 포르투갈어
	기타노선	한국어 – 영어
구주	CDG	한국어 – 영어 – 불어
	FCO, MXF	한국어 – 영어 – 이탈리아어
	PRG	한국어 – 영어 – 체코어
	FRA, VIE, ZRH	한국어 – 영어 – 독어
	MAD	한국어 – 영어 – 스페인어
	TLV	한국어 – 영어 – 히브리어
	기타노선	한국어 – 영어
CIS	LED, SVO, VVO, TAS, IKT	한국어 – 영어 – 노어
중동	RUH, JED	한국어 – 영어 – 아랍어
	DXB	한국어 – 영어

(3) 기실시 방송 내용 수정방송

손님 여러분,
조금 전의 방송 내용 중 착오가 있었던 부분을 정정하겠습니다.
예 지금 이곳은 오후 11시가 아닌 오전 11시입니다.

Ladies and gentlemen,
We would like to make a correction to the previous announcement.
예 The local time in Rome is 11 a.m, NOT 11 p.m.

2. 면접 낭독 기내방송

앞서 살펴본 바와 같이, 국내선과 국제선별로 서비스와 안전 절차에 따라 다양한 기내방송이 실시된다. 이 중에서 항공사 입사면접 시 낭독하게 되는 방송문을 선별하였다.

사진자료 : www.professional.uk

그림 2.2 영어 인터뷰

1) PREPARATION FOR DEPARTURE

Ladies and gentlemen,
This is Korean Air flight ___bound for ___(via ___).
We are just(a few / ___) minutes away from departure.
Please make sure that your carry-on items are stored in the overhead bins or under the seat in front of you.
Also, please take your assigned seat and fasten your seat belt.
Thank you.

2) WELCOME : GENERAL

Good morning(/afternoon/ evening), ladies and gentlemen
Captain(Family Name) and the entire crew would like to welcome you on board Korean Air, a SkyTeam member.
This is flight ___, bound for ___(via ___).
code-sharing with ___(Airlines)
Our flight time today will be ___ hour(s) and ___ minute(s) after take-off.

We have(a)(Name of Country) based cabin crew on board.
We have(a)(Name of Country) based cabin crew on board / to further assist you in(Language)
During the flight, our cabin crew will be happy to serve you in any way we can.
To prepare for departure, please fasten your seat belt and return your seat and tray table to the upright position.
We also ask you to turn off all mobile phones as they can interfere with the aircraft's navigational system.
And please direct your attention for a few minutes to the video screens (/cabin crew) for safety information.

3) SEATBELT SIGN OFF

Ladies and gentlemen, The captain has turned off the seatbelt sign. In case of any unexpected turbulence, we strongly recommend you keep your seatbelt fastened at all times while seated.
Please use caution when opening the overhead bins as the contents may fall out.
Please refer to the Morning Calm magazine in your seat pocket for information about SKYPASS membership. If you wish to join, please ask our cabin crew.
Thank you.

4) IN-FLIGHT SALES

Ladies and gentlemen,
Our in-flight duty free sales have started and you may now purchase duty free items or order items for your return flight.
Passengers transferring from(국가 명) *should contact the cabin crew when purchasing duty free liquor items.*
For more information, please refer to the Sky Shop magazine in your seat pocket.
If you need any assistance, our cabin crew is happy to help you
We would like to remind you that the duty free allowance for (COUNTRY) is ___ bottle(s) of liquor and ___ carton(s) of cigarettes.

다음 구간이 면세품 판매 불가 구간인 경우
Also, we would like to let you know that duty free sales will not be available on the next portion of our flight, between ___ and ___.

ICN / TAS, CAI / TAS 구간

Passengers continuing on to(___) with us must comply with the regulations regarding how passengers carry liquids or gels on board the aircraft. If you want to buy duty free items, please purchase them on the next flight portion, between ___ and ___.

5) IN-FLIGHT SALES : 카트판매 종료 안내

Ladies and gentlemen,
We would like to remind you that you may purchase duty free items at any time during the flight.

출발편

Also, if you would like to order duty free items for your return flight, please contact one of our cabin crew who will be happy to help you.

6) TURBULENCE : 1차

Ladies and gentlemen,
We are experiencing turbulence.
Please return to your seat and fasten your seatbelt.

7) APPROACHING

Ladies and gentlemen,
we are approaching(공항 명) *airport.*

At this time, we ask you to please store your carry-on items in the overhead bins or under the seat in front of you.
Thank you for your cooperation.

8) LANDING

Ladies and gentlemen,
We will be landing shortly.
Please fasten your seatbelt, and return your seat and tray table to the upright position.
Also please discontinue the use of electronic devices until the captain has turned off the seat belt sign.
Thank you.

9) FAREWELL

Ladies and gentlemen,
We have landed at(공항 명)*(international) airport.*

30분 이상 지연 / 기상, 천재지변 등 당사 귀책사유가 아닌 경우
Today we were delayed due to※.

The local time is now(___ : ___) a.m/p.m, (month/date)
For your safety, please remain seated until the captain has turned off the seat belt sign. Also, please be careful when opening the overhead bins as the contents may fall out.
Please remember to take all of your belongings with you when you leave the airplane.

Thank you for choosing Korean Air, a member of the SkyTeam alliance and we hope to see you again soon on your next flight.
Thank you.

TIP

항공사 영어면접 시 영어 기내방송 낭독

1. 영어 면접장에 도착하여 호명되어 들어가면 종소리에 맞추어 한사람씩 방에 들어가 앉아 1:1로 면접을 보게 된다.
2. 가볍게 눈인사만 하고 코팅된 종이를 든다.
3. 코팅된 종이 있는 기내방송문 중 하나를 지목받으면(랜덤) 낭독한다.
4. 이후 영어 질문이 이어진다.
5. 영어 면접이 끝나면, 다시 대기실로 가서 기다리다가 임원 면접을 보러 가면 된다.

* 한국어 기내방송문은 임원 면접 시 아주 특이한 경우를 제외하고 대부분 낭독하지 않는다.

3. LCC(저비용항공사) 재치 발랄한 기내방송

너무 친절한 나머지 딱딱하게 느껴지는 기내방송을, 여행을 떠나는 고객들에게 즐거운 마음을 가질 수 있도록 국내 저비용항공사에서 재치 있게 기내방송을 시작했다. 이러한 노력들은 이미 외국의 다른 항공사에서도 많이 하고 있고, 재미있게 패러디한 기내안전비디오부터 랩으로 하는 기내방송까지 다양하다.

1) 사우스웨스트항공 기내방송

사례 오늘도 저희 사우스웨스트 항공사를 이용해 주셔서 감사합니다. 저희는 여러분을 사랑합니다. 그리고 고객 여러분의 돈도 사랑합니다.

혹시 비행 중에 담배를 피우실 분들을 위해 따로 장소를 마련해 두었습니다. 비행기 밖으로 나가시면 비행기 양 날개가 있는데, 그곳에서 담배를 피우실 수가 있습니다. 그리고 담배를 피우시는 여러분을 위해 영화 〈바람과 함께 사라지다〉를 상영해 드립니다.

사랑하는 사람을 떠나는 방법에는 50가지가 있습니다. 하지만 여러분이 이 비행기를 탈출하는 방법은 오직 5가지 뿐입니다. 잘 듣고 위기상황에서 살아남으시기 바랍니다. 그리고 위기상황이 오면 산소마스크가 위에서 떨어지는데, 신속하게 착용하시기 바랍니다. 산소는 처음 1분간 2달러, 그 이후부터는 1달러씩입니다.

이 항공기는 현재 라스베이거스 위를 날고 있습니다. 참고로 라스베이거스에서 돈을 딸 확률은 이 비행기에서 떨어져서 살아날 확률보다 낮다고 합니다.

콜센터에 전화를 걸었을 때 30초가 지나도록 담당자와 연결되지 않는 고객은 8번을 눌러주십시오. 그렇다고 빨리 연결되는 것은 아니지만, 적어도 기분은 좋아질 것입니다.

사진자료 : 사우스웨스트항공 홈페이지

그림 2.3 사우스웨스트항공 유머서비스

2) 제주항공 기내방송

사례 손님 여러분, 안녕하십니까? 저희 제주항공을 이용해주셔서 고맙습니더. 오늘도 저희 부산행 7C2252편은 186석 모두 만석이네예. 덕분에 이번달도 제 월급 문제없이 받을 수 있게 됐십니더.

제가 원래 고향이 대구인데예, 항공사 들어오니 다들 서울 애들이라 가지고 사투리를 몬알아듣더라고예. 지지배들이. 아, 머스마도 있네.

제가 지금부터는 표준어를 구사하겠습니다. 손님 여러부운~. 지금부터 비상구 위치와 비상장비 사용법에 대해 안내말씀 드리겠습니다.(탑승객들이 웃자) 앞에 빵~ 터지셨습니다.

이 비행기의 비상구는 모두 여덟 개며, 가리키는 것처럼 좌·우에 각각 있습니다. 비상상황 발생 시 비행기의 전원이 꺼질 경우에는 통로의 야광 유도선과 선반의 유도등이 여러분을 친절히 비상구까지 안내할 것입니다. 만약의 경우에 대비하여 여러분의 좌석에서 가장 가까운 비상구 위치를 확인하시기 바랍니다.

특히 오늘 15번, 16번 손님, 안 주무시죠? 손 한 번만 들어주시겠어요? 아, 예. 흔들어주시기까지 예. 감사합니다. 거기 비상구니까요, 혹시 비상 상황이 생기면 저희 승무원들을 도와주시기 바랍니다.

좌석벨트 표시등이 켜지면 좌석벨트를 매주십시오. 벨트는 덮개 고리를 끼워 몸에 맞게 조여주시고, 풀 때는 덮개를 들어 올리면 됩니다. 헐겁게 매시면 몸매 사이즈 다 나옵니다~?(웃음)

산소마스크는 산소공급이 필요한 비상 시 저절로 내려오도록 선반 속에 쏙 설치되어 있습니다. 마스크가 내려오면 앞으로 잡아당겨 당연히 코와 입에 대셔야겠죠? 코와 입에 대시고 끈으로 머리에 고정하여 주십시오. 도움이 필요한 동반자가 있을 때에는 먼저 착용한 후 도와주시기 바랍니다.

여러분의 좌석 아래에 있는 구명복은 비행기가 바다에 내렸을 경우 사용하도록 준비되어 있습니다. 구명복을 착용하실 때에는 머리 위에서부터 입으시고, 끈을 허리에 돌려~ 돌려~ 고리에 끼운 후 손잡이를 잡아당겨 몸에 맞도록 조여 주십시오. 구명복은 기내에서 부풀지 않도록 유의해주시고, 부풀릴 때는 탈출 직전 비상구 앞에서 붉은색 손잡이를 당기십시오. 충분히 부풀지 않을 때에는 양쪽에 있는 고무관을 힘껏~ 힘꺼엇 불어주십시오. 여러분의 좌석 쿠션은 구명복과 함께 부유물로 사용하실 수 있습니다.

아울러 모든 승객의 쾌적하고 안전한 여행을 위해 기내에서 폭언 및 고성방가 등의 행위는 금지되어 있으며, (잠시 침묵) 웃으시는 거는 항상 가능합니다.

이 · 착륙을 포함한 비행 중에는 전자기기를 비행기모드로 사용해 주시기 바랍니다. 보다 자세한 사항은 앞좌석 주머니에 있는 안내서를 참고하시기 바랍니다. 여러분의 적극적인 협조를 부탁 드립니데이?

~안전을 위해 좌석벨트는 계속 매고 계시고, 비행기가 완전히 멈춘 후에 자리에서 일어나십시오. 선반을 여실 때에는 안에 있는 물건이 떨어지지 않도록 조심하십시오. 맞으면 아픕니다. 느낌 아~니까요. 잊으신 물건이 없는지 내리기 전에 다시 한 번 확인해주시고, 놔두시고 내리신 물건은 저희 승무원들이 정확히 찾아서 1/N 하겠습니다. 감사합니다. 안녕히 가십시오.

3) 진에어 기내방송

사례 환영인사

Fly, Better Fly 진에어에 탑승하신 손님 여러분, 안녕하세요? 여러분과 함께 가슴 설레이는 여행을 시작할 지니들이 여러분의 탑승을 진심으로 환영합니다. 기내 도우미 지니들이 여러분 모두의 여행이 기분 좋은 설렘으로 시작할 수 있도록 한 분 한 분 정성껏 모시겠습니다. 도움이 필요하시면 언제든 저희 지니를 불러주세요. 저희 지니가 여러분의 비타민이 되겠습니다. 그럼 지금부터 두근두근 설레는 비행을 시작하겠습니다.

좌석벨트 착용안내

선반을 여실 때는 잠깐! 선반 안 물건이 머리 위로 떨이질 수 있으니, 헬

멧을 착용하지 않으셨다면 짐을 살~살 꺼내주세요. 아울러 기내에서의 흡연은 엄격히 금지되어 있습니다. 그럼에도 불구하고 흡연을 원하시는 분께서는 항공기 밖에서만 가능함을 알려드립니다. 다만, 진에어에서는 낙하산을 제공해 드리지 않는다는 점을 참고해 주시기 바랍니다.

면세품 판매안내

손님 여러분, 지금부터 진에어의 두근두근 설레는 쇼핑이 시작될 예정입니다. 부모님 또는 남친 · 여친의 선물을 잊으신 분들은 지금이 기회! 구입을 원하시는 분은 판매카트가 지나갈 때 손을 번~쩍! 들어 딜라이트한 진에어의 쇼핑을 한껏 누려보시기 바랍니다.

도착인사

손님 여러분, 두근두근 설레는 비행 즐거우셨나요? 안에 있는 물건이 떨어지면 몹시 아프실 테니 선반을 여실 때에는 조심해 주시고, 내리실 때에는 잊으신 물건이 없는지 다시 한 번 확인해 주세요. 혹시 지니들에게 선물을 주고 싶으신 분들은 두고 가셔도 좋습니다. 두근두근 설레는 여행길, 진에어와 함께 해주셔서 감사합니다. 두근두근 설레이게 더 설레이게, 딜라이트 진에어! 안녕히 가세요.

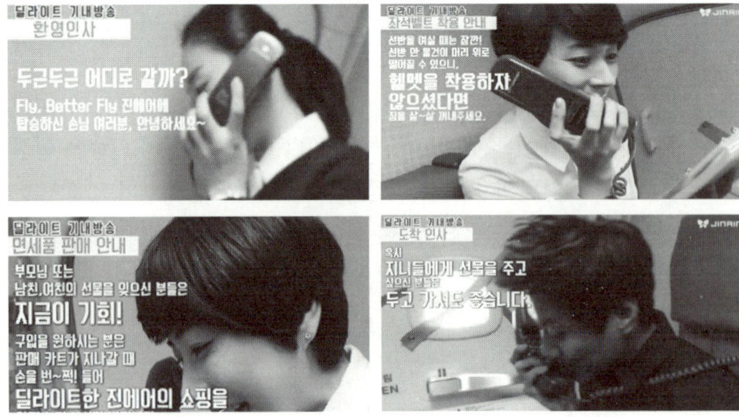

사진자료 : 진에어 유튜브 동영상 캡처

그림 2.4 진에어 기내방송

4) 에어부산 기내방송

사례 손님 여러분 사랑합니다. 부산까지 가는 에어부산 123편 공동운항 아시아나 9723편 탑승을 환영합니다.
비행시간은 이륙 후 1시간 10분이며 OOO 기장과 OOO 캐빈매니저를 비롯한 승무원들은 정성을 다해 손님 여러분을 모시겠습니다.
저희 승무원들은 여러분의 안전을 담당하는 안전요원입니다.
승무원의 안전업무와 지시에 적극 협조해 주시기 바랍니다.
등받이와 테이블은 제자리로 해주시고 창문덮개는 열어주십시오.
항공법에 따라 기내에서는 항상 금연해 주시기 바랍니다.
잠시 후 기내 안전에 대해 안내해 드리겠습니다.
주목해 주시기 바랍니다. 저희 승무원들은 여러분의 안전을 위해 최선을 다하겠습니다.

사진자료 : Metro

그림 2.5 에어부산 기내방송

5) 이스타항공 기내방송

이스타항공은 일반적인 기내방송 외에 기내 엔터테인먼트(ET 팀)로 수시방송을 실시한다. 이스타항공은 좀더 색다른 방식으로 승객들의 마음을 전한다. 기내에서 '라디오 이스타'라는 라디오 생방송을 진행하는데, 승객들의 사연을 중심으로 라디오방송을 내보낸다. 또한 마술이나 라이트쇼, 기내 체조를 통해 고객에게 짜릿한 가격으로 추억을 파는 국민 항공사로 성장하고 있다.

사례 라디오 이스타는 세계 최초 38,000피트에서 승무원이 일일 DJ가 되어 승객여러분의 사연을 음악과 함께 읽어드리는 코너입니다. 라디오 이스타는 승객의 참여로 이루어집니다. 많은 참여 부탁드립니다.

저는 여러분과 즐거운 추억을 나눌 DJ 김오빠예요. 자, 7월 한 여름부터 시작한 이스타항공 이벤트팀 E.T의 야심작! 라디오 이스타가 벌써 한 계절을 뛰어넘어 가을까지 여러분과 함께하고 있습니다. 천고마비의 계절, 하늘은 높고 말이 살찌는 그런 풍부한 계절이죠. 그런데 덩달아 이 DJ 김오빠도 살찌는지 모르겠어요. 호로록 호롤롤롷! 여행하기 딱 좋은 가을 날씨에 저희 이스타항공과 함께 청명한 하늘을 날아 여행을 떠나시는 여러분들은 센스쟁이!

라디오 이스타는 기존 타 항공사에서는 경험해 보시지 못했던 이벤트라 쉽지 않는 경험일거라 생각하고, 승객분들과 함께 호흡한다는 느낌에서는 승무원들 역시 행복한 추억으로 남고 있습니다. 짧은 시간이지만 귀를 활짝 열고 함께 해주시면 감사하겠습니다.

미리 나누어드린 사연지에 여러분들의 소중한 사연을 받아보았습니다. 저희가 나눠드린 사연지의 하단에 '캡틴 오 마이 캡틴'란에 저희 이스타항공의 기장님 두 분께 그동안 하고 싶었던 말들을 적어 주십사했는데요, 시간관계 상 사연과 질문 모두 단 2분만에 짧게 소개해 드리는 것 양해 부탁드리고요. 그러나 비행기를 타고 가시면서 딱딱한 조종사의 멘트를 들으셨던 분들에게는 생소한 경험이라 생각합니다.

여러분의 사연부터 만나보기로 하겠습니다. 네 번째 열에서 보내주신 사

사진자료 : 이스타항공 네이버블로그

그림 2.6 이스타항공 기내방송 '라디오이스타'

연입니다. "꽃보다 자매"(승객 사연)
이렇게 사연 보내주신 승객분께 방콕에서 출출하실 때 드시라고 컵라면, 스낵을 바로 자리로 보내드리겠습니다.

6) 티웨이항공 기내방송

사례 티-웨이 가족여러분, 서울 김포에 오신 것을 환영합니다. 55분 동안 저희와 함께한 여행은 즐거우셨습니까? 가족여러분의 안전을 위해 비행기가 완전히 멈출 때까지 자리에 편안하게 앉아계시기 바랍니다. 선반의 가방을 꺼내실 때는 안에 있는 물건이 떨어지지 않도록 유의해 주시고, 두고 가시는 짐들이 없는지 다시 한 번 살펴주십시오. 여러분의 항공사 티-웨이와 함께 해주신 가족여러분, 내일은 여러분께 더욱 사랑받는 티-웨이가 되겠습니다.

그리고 한 분 한 분 소중한 티-웨이 가족여러분, 가족여러분의 사랑과 관심으로 힘찬 날갯짓을 시작한지 1년 만에 한국소비자원과 국토해양부에서 주관한 평가에서 최상위 2관왕을 달성하였습니다.
가족여러분의 사랑에 진심으로 감사드리며, 내일은 여러분께 더욱 사랑받는 티-웨이가 되겠습니다. 안녕히 가십시오.
'T-way, It's yours.' 고맙습니다.

사진자료 : Travel Bike News

그림 2.7 **하늘 위의 우편함**

LCC 항공사들은 단순히 보여주는 것에만 그치지 않고 승객들과의 소통에도 열심이다. 손님이나 승객보다는 가족이라는 호칭으로 더욱 친근감을 형성하고 '감사합니다'보다는 '고맙습니다'라는 단어 선택으로 부드러운 분위기를 만들고자 노력하는 섬세함도 보인다. 또한 기내에서 승객들의 사랑의 메신저가 되는 등 승객과 같이 할 수 있는 이벤트를 열기도 한다.

티웨이항공은 승객들이 사전에 신청을 하면 기내방송과 함께 편지를 전달한다.

PART 2
기내방송을 위한 발성과 호흡

In-flight Announcement

발성의 기초단계

1. 좋은 음성관리

좋은 목소리란 상황, 장소와 상관없이 자유자재로 성량이 조절되는 소리이다. 이상적인 목소리는 맑고 부드러우며 거침이 없고, 톤과 음량도 좋으며 속도도 일정하다. 또한 타인이 느끼기에 귀에 거슬리지 않는 소리이다.

좋은 음성은 낮고 차분하면서도 음악적인 선율이 있는데, 전문가들에 의하면 음성이 좋은 사람들의 70~80%는 타고나는 경우이고, 20~30%는 발성연습을 하고 노력을 해서 좋게 만든 경우라고 한다.

좋은 목소리를 발성하기 위해서는 여러 가지 관리가 필요하다. 그래야만 떨림이 없는 목소리를 낼 수 있다.

- 말을 할 때의 자세는 다리를 벌리고, 시선은 약간 높은 곳을 바라본다.
- 조음기관인 혀, 입술, 턱의 운동을 주기적으로 실시한다.
- 혀의 운동은 혀를 내밀고 좌·우로 힘껏 뻗어주는 것을 교대로 실시한다. 그래야만 혀 짧은 소리가 나지 않는다.
- 입술을 앞쪽으로 쭉 내밀어 오른쪽, 왼쪽으로 움직여주는 동작을 반복한다.
- 마지막으로 턱을 잘 사용한다. 옹알옹알 대는 습관은 전달력이 떨어진다. 턱을 사용하여 말하는 연습을 해야 한다.

듣기 좋은 목소리란, 듣기에 밝고 건강하며 자신감이 묻어나고 전달력이 있는 목소리이다. 상대방의 마음을 여는 목소리, 향기롭고 신선한 목소리, 나를 돋보이게 하는 목소리의 관리인 보이스 트레이닝으로 보다 나은 음성관리를 하도록 한다.

2. 발성과 호흡

1) 발성

인간의 음성은 폐로부터 나오는 공기가 기관지를 통과하여 성대를 진동시키고, 그 성대의 진동이 성도라는 관을 통과하면서 변형된 뒤 입술을 통해 외부로 방출되는 소리이다. 미국 존스 홉킨스 의과대학의 연구에 의하면, 발성기관은 크게 성대, 성도의 두 부분으로 구분하고 있다.

(1) 성대(聲帶 : Vocal Tract, Oral Cavity)

- 성대는 두 쪽의 근육막이 진동하면서 음성신호의 주기를 만들어 낸다.
- 피치라고 불리는 이 주기를 통해서, 우리는 말소리의 특징인 음의 높낮이, 억양, 개인차, 정서상태, 자연성 등을 파악할 수 있을 뿐만 아니라, 성대의 질병 등도 상당한 정확도를 가지고 예측할 수 있다.

(2) 성도(聲道 : Vocal Fold, Vocal Cord)

- 성도는 성대의 위쪽에서 시작하여, 혀가 있는 공간을 거쳐 입술에 이르기까지의 관 형태의 구조를 말한다.
- 기본적인 역할은 혀와 턱의 움직임을 통해 관의 형태를 바꾸어 줌으로써 성대의 울림을 다양한 형태로 공진되게 하든지, 힘점의 위치를 바꾸어 줌으로써 여러 가지 음을 생성할 수 있게 해 준다.

- 즉 '아, 어, 우' 등의 모음을 발성한다든지 'ㅍ, ㅂ, ㅃ' 등의 자음을 발성할 수 있는 것도 성대의 구조변화에 따른 것이다.
- 입술은 성대를 통해 만들어진 음성을 밖으로 내보내 주는 기관인데, 저주파 성분에 비해 고주파 성분을 상대적으로 증폭시켜 주는 역할을 한다.
- 입술은 성도의 형태가 바뀔 때에 자연스럽게 벌리고 다물어져서 같이 변화하므로, 입술의 형태를 보고 음성을 알아내는 독순술도 가능할 수 있게 된다.

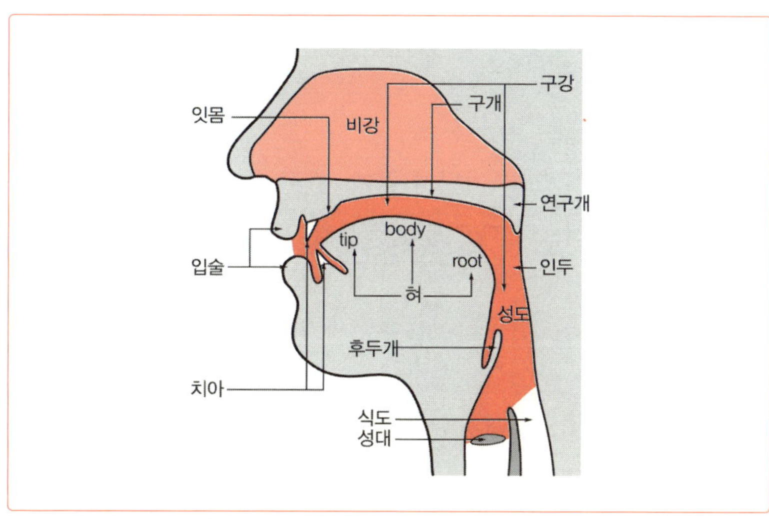

자료 : 미국 존스 홉킨스 의과대학 홈페이지

그림 3.1 성도와 성대

(3) 발성기관 확인

'목소리 사용 설명서'(안대성, 2015)에서는 발성기관으로 입술, 혀, 연구개, 성대로 세분화하였다. 저서에서 제시된 발성기관 확인방법과 이완방법으로 몇 가지를 소개하면 다음과 같다.

① 입술 밸브 연습

- 볼을 양손으로 살짝 누른 상태에서 입술을 가볍게 '부르르 떨기' 한다.

* 주의 : 가장 편안한 음높이로 길게 소리를 내고 입술 끝에 힘을 주거나 떨기 위해 노력하지 않는다.

② 혀 밸브 연습

- 혀를 가볍게 치경(앞니 뿌리와 이어지는 입천장 시작점)에 대고 나오는 숨을 통해 부드럽게 '트르르 떨기' 한다.

* 주의 : 떨리지 않는다고 발음을 사용하여 '르르르' 소리내지 않는다.

③ 연구개 밸브 연습

- 숨을 들이마시면서 코를 가볍게 골기
- 연구개음을 반복적으로 빠르게 발음하기
  - 악가×5
  - 익기×5
  - 욱구×5

* 주의 : 연속 발음 시 일정하지 않고 느려지거나 규칙적이지 못하면 연구개 개폐에 타이밍의 문제가 있는 것이다.

④ 성대 밸브 연습

- 자신이 편하게 소리 낼 수 있는 음정을 정해서 '아~'를 길게 발성한다.

* 주의 : 소리를 낼수록 음정이 떨어지는지, 음질이 균일하지 않고 떨리거나 호흡이 짧은지 확인한다.

⑤ 발성기관 밸브 간 연결 확인

- 퍼(입술), 터(혀), 커(연구개)를 빠르게 발음하기

- 퍼터커×5 : 퍼터커 한 세트로 반복적으로 빠르게 발음한다.
- 퍼×8, 터×8, 커×8 : 같은 발음을 반복적으로 빠르게 발음한다.

(4) 발성연습

발성연습을 위해서는 먼저 안정된 자세로 신체를 정렬하는 것과 앞서 소개한 발성기관의 이완이 선행되어야 한다.

- 안정된 자세라는 것은, 양 발을 어깨 넓이보다 약간 적게 벌린 상태에서 발바닥이 바닥에 닿는 느낌을 유지하고 상체의 무게가 두 다리에 모두 골고루 분배된 상태가 되어야 한다. 그래서 귀, 어깨, 다리가 일직선을 이루어야 한다.
- 발성기관을 이완시키는 방법은 아래와 같다.
  - 머리와 목, 어깨의 긴장을 풀 수 있는 스트레칭
  - 후두마사지 : 하품과 한숨을 쉬는 가벼운 발성과 설골, 갑상연골 주위 근육을 가볍게 풀어준다.
  - 안면근육 이완 : 얼굴 스트레칭('아-이-우-에-오', 볼에 바람 넣기 등)
  - 턱 이완하며 내리기 : 양 볼을 손으로 감싸고 내려오면서 하품 하듯이 '하~아'

사진자료 : Parker Adventive Hospital

그림 3.2 **후두마사지와 스트레칭**

2) 호흡

(1) 복식호흡 이해

호흡(呼吸)은 체내에 산소를 받아들이고 이산화탄소를 배출하는 생명활동이다. 복식호흡은 배를 이용해서 호흡하는 것으로 알려져 있으나, 정확히는 복근을 이용해 횡격막을 움직여 호흡하는 방법이다. 당연한 사실이지만 배는 숨을 쉴 수 없다. 호흡량이 커지고 공기를 빨아들이는 힘이 강해지는 장점이 있다.

- 사실 복식호흡이라는 명칭보다는 엄밀히 따지면 횡격막 호흡이라고 부르는 것이 옳다.
- 사람을 비롯한 고등 척추동물의 몸 안에는 횡격막이 있다. 횡격막은 숨을 쉬는 폐와 맞닿아있는데, 그대로 있을 경우 공기를 들이쉬면서 폐의 부피가 늘어나는 것을 막게 된다.
- 횡격막은 수의근을 통해 조절하는 게 가능한 기관이므로, 이러한 횡격막

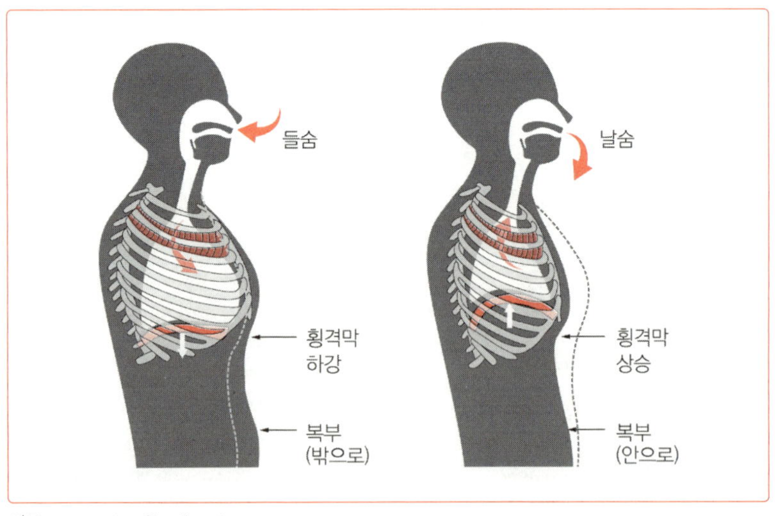

자료 : www.return2health.net

그림 3.3 복식호흡

을 조절하여 아래쪽으로 내리누르면 자연스럽게 폐도 늘어나게 되어 최대 2L 정도의 공기를 더 밀어넣을 수 있게 된다.

- 복식호흡은 이러한 원리를 통해 들이쉬는 호흡과 내뱉는 호흡의 양을 늘리는 것이다.

(2) 복식호흡 방법

힘을 주는 것이 아니라 힘이 쥐지는 것. 즉 원인이 아니라 소리가 좋아지면 자연히 따라오는 결과이다. 예를 들어, 우리가 '벤치 프레스' 운동을 한다고 하자. 처음에는 가슴 근육에 힘이 없기 때문에 온몸을 사용해 바벨을 들어 올리게 된다. 하지만 시간이 지나면서 반복훈련을 하게 되면 점차 가슴 근육에 힘이 붙게 되고, 가슴 근육으로만 바벨을 들어 올릴 수 있게 된다.

말을 하는 근육도 이와 마찬가지다. 그래서 처음에는 몸에 힘을 빼고 편하게 소리 내는 방법을 찾으려고 애써봤자 좋은 소리는 찾아지지 않는다. 좋은 소리는 찾는 것이 아니라 만들어지는 것이기 때문이다.

적응 자체가 매우 힘들고, 배를 굳이 확인하면 오히려 역효과가 날 수 있다. 노래와 발성을 할 때, 정확하게 또는 어떠한 의도를 표현하려고 하는 생각 자체가 이 모든 호흡의 활동을 정지시켜 버린다. 또한 집중과 긴장 상태에서 복식호흡은 소멸한다. 그러므로 신경을 쓰려 하면 더 힘들 수도 있다.

- 될 수 있는 한 숨을 정말로 폐를 쥐어짜듯이 한계까지 내쉰 다음, 숨을 참고 잠시 뒤에 숨을 들이쉰다는 느낌 없이 숨을 참던 것을 푼다는 느낌으로만 하면, 배 주변이 살짝 부풀어 오르며 숨을 자연스럽게 들이쉬게 된다. 이게 바로 복식호흡의 간단한 체험법이다.
- 배꼽 밑 3cm 정도 되는 부근까지 공기를 채운다고 생각하고, 아랫배는 빼지 말고 윗배부터 공기를 빼낸다는 느낌으로 호흡을 한다.
- 절대로 복근에 억지로 힘을 주는 게 아니다.

- 억지로 힘을 주면 대부분이 턱밑에도 같이 힘이 들어가는데, 그렇게 하면 전혀 늘지 않는다.
- 처음엔 누워서 힘을 빼고 하는 것도 도움이 된다. 다만, 이런 복식호흡을 하는 이유는 소리가 풍부해지는 포인트를 좀더 쉽게 잡기 위해서이지, 배에 들숨만 잔뜩 채우는 건 유치원생도 할 수 있는 간단한 일일 뿐더러 폐에 압박을 주어 오히려 목소리 사용에 방해가 된다.
- 당연히 어깨는 들썩이면 안 된다.

사진자료 : www.somaticvision.com

그림 3.4 자연스러운 긴 호흡

(3) 흉식호흡

복식호흡과 개념상 대립하는 용어는 흉식호흡인데, 복식호흡이 횡격막을 내려서 아래쪽의 폐가 부풀어 오를 공간을 늘리는 것이라면, 흉식호흡은 반대로 어깨와 갈비뼈를 들어 올려서 폐의 위쪽 공간을 확보하는 방식이라고 할 수 있다.

최대한 부풀려서 들이쉴 수 있도록 하는 공기의 양은 별로 차이가 없지만, 이처럼 (어깨와 몸통을) 억지로 들어 올려야 하기에 (횡격막을) 아래로 느슨하게 늘어뜨리는 복식호흡에 비해 힘도 더 들고 날숨도 길게 유지하지 못하는

3박자의 단점이 있다. 게다가 노래를 해야 하는 경우에는 발성기관에 불필요한 압박을 가해서 좋은 소리를 내지 못하는 안 좋은 습관을 들이게도 된다. 하지만 적은 양의 호흡을 갑자기 들이마시는 점에 있어서 흉식호흡이 더 유리하기 때문에, 음악과 달리 격렬한 운동을 하는 스포츠에서는 매우 빠른 속도로 호흡을 들이마셔야 할 경우에 흉식호흡이 사용되는 경우도 간간히 있다.

3. 전달력을 높이는 기내방송

1) 올바른 기내방송의 기초

(1) 정확한 발음

기내방송은 전달력이 중요하므로, 방송 시 웅얼거리고 발음이 불분명하며 미스커뮤니케이션을 불러일으킬 수도 있고, 그 해당 항공사에 신뢰감을 얻기가 어렵다. 특히 승객이 궁금해 하는 비행시간, 현지시간, 편수, 항공기 지연사유 등을 정확하게 전달하기 위해서는 또박또박하고 정확하게 발음해야 한다. 시간이나 날짜, 편수 등 숫자가 전달되는 정보에는 더욱 분명하고 명확하게 전할 수 있도록 연습해야 한다.

① 영어 기내방송문 편수, 시간 읽는 법

- FLIGHT NO. 읽는 법 : 한국어 숫자를 한자리 단위로 끊어서 읽으며 '0'은 '공'으로 읽는다.

예 123편 : 일이삼편(O), 백이십삼편(X)
704편 : 칠공사편(O), 칠백사편(X)
001편 : 공공일편(O), 영영일편(X)

○ 영어숫자 읽기

- 숫자를 한자리 단위로 끊어서 읽으며 '0'은 'Zero'로 읽는다.
- 단, 0이 중간에 있는 편수는 [OU]라고 읽어도 무방하다.

예 623편 : SIX TWO THREE(O)
SIX HUNDRED TWENTY THREE(X)
901편 : NINE ZERO ONE(O)
NINE 0 ONE(O)
NINE HUNDRED ONE(X)
002편 : ZERO ZERO TWO(O)
O O TWO(X)

② 시간 읽는 법

○ 시간과 분 단위로 구분하여 읽는다.

○ 24시 단위가 아닌 12시 단위로 표현한다.

○ 12시를 제외한 매시 정각은 O'clock을 삽입하여 읽는다.

예 밤 12 : 00 twelve midnight
낮 12 : 00 twelve noon
오전 3 : 00 three o'clock a.m.
오후 5 : 00 five o'clock p.m.

○ 1분부터 9분까지는 반드시 'O'를 중간에 넣어 읽는다.(이때 'O'로 Zero로 읽지 않고, OU로 읽는다.)

예 밤 12 : 02 twelve O two a.m.
낮 12 : 02 twelve O two p.m.

- 30분, 15분, 45분을 a Half, a Quarter Past(After) / to 등으로 읽지 않는다.

> 예 오전 5시 15분 five fifteen a.m.
> 오후 5시 45분 five forty-five p.m.

(2) 자연스러운 억양과 악센트

평이하고 똑같은 억양으로 말하는 스타일은, 아무리 멋진 메시지라고 할지라도 스피치의 전달력이 떨어진다. 반면에, 강조할 부분이나 포인트에 억양의 변화와 음률의 맛을 살리면 같은 내용이라도 훨씬 멋진 방송으로 느껴지기 마련이다. 전체적으로 같은 억양이 반복되지 않도록 하여 변화를 주는 표현을 한다. 또한, 영어의 경우 올바르지 못한 악센트 사용에 따라 외국인 승객들이 이해하지 못하는 경우도 발생하므로 반드시 정확한 악센트 연습이 필요하다.

(3) 적당한 속도

기내방송에 있어서 속도도 역시 중요하다. 너무 느린 속도는 지루함을 주며 전문가의 방송이라고 느껴지기 어렵다. 또한 긴장해서 점점 빨라지는 방송은 이해력과 전달력을 떨어뜨린다. 항상 본인의 방송을 녹음하여 들어보고 적당하고 알맞은 속도를 모니터링 하도록 한다.

(4) 알맞은 크기와 친근하고 밝은 느낌

연극계에는 아주 유명한 레슨이 있다. 바로 '말 걸기 게임'이다. 참가자 중 몇 명(4~5인)이 등을 돌리고 서거나 앉는다. 한사람이 조금 떨어진 장소에서 그 몇 명 중 한 사람을 향해서 말을 건다.(안녕하세요, 여보세요, 저기요, 이봐요, 잠깐만요) 등을 돌리고 있는 사람은 자신에게 말을 걸었다고 생각하면 손을 든다. 자신이 아니라고 생각하면 그냥 있으면 된다. 이때 소감을 들어보면,

'나에게 말을 걸지 않은 느낌이었다'라든가, '소리가 먼 쪽에 있다는 느낌'이라고 한다면, 목소리 크기가 조절되지 못했거나 감정 없이 딱딱한 느낌으로 전달했을 가능성이 크다.

기내방송도 마찬가지이다. 객실승무원은 마이크에 대고 방송을 하지만, 내 앞에 있는 승객에게 이야기하듯이 밝게 웃으면서 방송한다면 승객 또한 친절한 마음을 받아 '나에게 이야기 하는구나'라고 느낄 수 있을 것이다.

2) 모니터링

(1) 끝없는 모니터링으로 발음, 음성 교정

사람들은 의외로 자기 자신의 목소리를 잘 모른다. 말하는 목소리와 듣는 목소리가 다르기 때문이다. 그러므로 기내방송을 위해서는 우선 잘못된 발음, 언어습관, 음성 등을 평소 모니터링해 볼 필요가 있다.

집에서도 손쉽게 휴대폰이나 녹음기 등을 통해서 평소 본인의 목소리를 녹음해서 들을 수 있는데, 이는 목소리를 객관적으로 들어보는 게 좋다. 디지털카메라 영상으로 녹화하여 목소리뿐 아니라 본인의 모습을 모니터링하면 금상첨화이다. 평상시에 신문을 읽을 때 소리 내서 읽는 연습을 하면 발성 능력이 강화된다. 그리고 사설을 큰소리로 읽어보는 것도 좋다. 대신 평소보다 조금 느린 속도로 말하는 연습을 해야 한다.

(2) 자기 목소리 점검하기

TIP

자기 목소리 자가 점검하기

다음은 사람들이 의사소통 할 때 보여지는 다양한 목소리 스타일을 열거한 것이다. 자신의 목소리와 가장 비슷하다고 생각하는 것을 골라보자.

- 화가 나면 내 목소리는 커지거나 흥분한다. (   )
- 긴장할 때 나는 더욱 빠르게 말한다. (   )
- 피곤할 때 나는 조용해지거나 천천히 말한다. (   )
- 사람들은 나의 목소리가 '명랑하다'라고 말한다. (   )
- 심각한(진지한) 대화를 나눌 때 친구들은 내 목소리가 따뜻하고 부드럽다고 말한다. (   )
- 거의 모든 상황에서 나는 목소리 조절이 가능하다. (   )
- 필요할 경우, 내 목소리는 요구적이고 권위적으로 된다. (   )
- 사람들은 내 목소리가 유순하다고 한다. (   )
- 분명하고 간결하며 자연스러운 내 목소리는 나의 장점이다. (   )
- 나의 대화 스타일과 어휘 수준은 진지하고 학구적인 편이다. (   )

어려운 발음연습

1. 한국어 발음연습

1) 연음법칙

- '연음법칙'은 우리말 중에서 가장 많이 사용되는 법칙으로, 먹이[머기], 적용[저공], 활약[화략], 월요일[워료일] 등과 같이 단어 앞부분의 자음받침이 있어 단어 뒷부분의 첫머리와 만나 연장되는 소리법칙이다.
- 단어의 앞부분은 받침이 빠진 소리가 되고, 단어의 뒷부분은 'ㅇ' 대신 단어 앞부분의 받침으로 붙는 자음이 그대로 연장되어 소리 나는 현상이다.
- 쉽게 말해, 단어 앞부분의 받침이 단어 뒷부분의 'ㅇ'으로 연장되는 소리 법칙이라고 보면 이해가 쉽다.
- 유의할 점은 막일, 물엿 등과 같이 두 개의 단어로 이루어진 합성어이거나 못 잊어, 작은 일 등과 같이 두 개의 단어를 이어서 한 마디로 발음할 때는 연음법칙이 적용되지 않는다.
- 또 예외로 발음되는 경우도 있고, 두 가지로 발음되는 수도 있다.

예 정열[정녈]	금융[그뮹], [금늉]	검열[거멸], [검녈]

아래 보기를 들어, 받침 자음 순서별로 연음법칙의 발음을 살펴보자.

표 4.1 연음법칙 발음

단 어	발 음	비 고
막아	마가	
먹이	머기	
육이오(6.25)	유기오	
깎아	까까	
꺾어	꺼꺼	
낚아	나까	
민어	미너	
안에	아네	
언어	어너	
닫아	다다	
돋아	도다	
믿어	미더	
얼음	어름	
월요일	워료일	월료일(X)
활용	화룡	활룡(x)
검열	거멸 / 검녈	
함양(지명)	하먕	
잡아	자바	
뽑아	뽀바	
밥을	바블	
빗이	비시	
씻어	씨서	
맛이	마시	
갔어	가써	
있어	이써	
정열		예외) 정녈
통영(지명)	통영	통녕(x)
잧아	자자	
꽃이	꼬치	꼬시(x)
부엌에	부어케	부어게(x)
새벽녘에	새병녀케	새병녀게(x)

2) 'ㄴ' 첨가현상

- 'ㄴ' 첨가현상이란, 우리 고유어로 'ㄴ' 덧붙임 소리현상이라고 한다.
- 합성어 및 파생어에 있어서 앞 단어나 접두사가 자음받침으로 끝나고, 뒤의 단어나 접미사의 첫음절에서 자음 'ㅇ'과 만날 때 받침소리는 그대로이거나 변하고, 뒤의 단어나 접미사의 첫음절에서 'ㅇ' 대신 'ㄴ'이 첨가되어 소리가 난다.
- 합성어의 사이시옷이 뒷단어 첫음절에서 자음 'ㅇ', 'ㄴ', 'ㅁ' 등과 만날 때 'ㄴ'이 첨가되어 소리가 난다.
- 두 개의 단어를 이어서 한 마디로 발음할 때에도 'ㄴ' 첨가현상이 생긴다.
- 'ㄴ' 첨가음으로 발음하되 연음법칙이나 표기대로 발음하는 수도 있다.

아래의 표를 보고 올바르게 연습해 보자.(자료 : 아나운서 실기, 표준말 실기, 경운현)

표 4.2 'ㄴ' 첨가현상 ①

단 어	발 음	비 고
늑막-염	능망념	
막-일	망닐	
내복-약	내봉냑	
백-여우	뱅녀우	
삯-일	상닐	
색-연필	생년필	
수학-여행	수항녀행	
식용-유	시굥뉴	
직행-열차	지캥녈차	
맨-입	맨닙	
신-여성	신녀성	
한-여름	한녀름	

단 어	발 음	비 고
들-일	들릴	ㄹ받침 뒤에 오는 ㄴ첨가음은 ㄹ로 발음한다.
물-엿	물렫	
불-여우	불려우	
풀-잎	풀립	
서울-역	서울력	
알-약	알략	
휘발-유	휘발류	
담-요	담뇨	
뽕-잎	뽕닙	
솜-이불	솜니불	
영업-용	영엄뇽	
종-열	종녈	
꽃-잎	꼰닙	
흑-염소		예외) 흐겸소

표 4.3 'ㄴ' 첨가현상 ②

단 어	발 음
깻-잎	깬닙
나뭇-잎	나문닙
냇-물	낸물
뒷-말	뒨말
뗏-목	뗀목
뱃-머리	밴머리
수돗-물	수돈물
아랫-니	아랜니
콧-날	콘날

표 4.4 'ㄴ' 첨가현상 ③

단 어	발 음
낫 놓고	난노코
막 나온	망나온
목놓아	몽노아
못입다	몬닙따
못잊을	몬니즐
빨간 입술	빨간 닙쑬
옛이야기	옌니야기
작은 일	자근 닐

표 4.5 'ㄴ' 첨가현상 ④

단 어	발 음
검열	검녈 / 거멸
야금야금	야금냐금 / 야금야금
이죽이죽	이중니죽 / 이죽이죽

3) 자음접변

'자음접변'은 닿소리 이어바뀌기라고도 한다. 자음접변은 백리[뱅니], 첫날[천날], 연령[열령] 등과 같이 단어 앞부분의 받침으로 붙은 자음이, 단어 뒷부분의 자음 첫머리 자음과 만나 변화된 소리를 내는 법칙이다.

자음접변의 예를 살펴보자.

표 4.6 자음접변(예)

단 어	발 음	단 어	발 음
감리	감니	분리	불리
격려	경녀	섭렵	섬녑
관람	괄람	신라	실라
권리	궐리	년령	열령
난리	날리	염려	염녀
논란	놀란	찬란	찰란
능력	능녁	천리	철리
독려	동녀	청량음료	청냥음뇨
망령	망녕	현란	혈란

4) 평음과 경음의 구분

'평음'은 예사소리를 말하는 것이고, '경음'은 된소리를 말하는 것으로, 교과서는 예사소리로 [교꽈서]라고 발음하면 틀린 소리이다.

표 4.7 예사소리와 된소리(예)

단 어	발 음	단 어	발 음
관건	관건	갈등	갈뜽
고가도로	고가도로	값지다	갑찌다
교과	교과	벌집	벌찝
참고	참고	안간힘	안깐힘
창구	창구	일정	일쩡

한편, 두 단어로 이루어진 합성어의 경우, 경음현상이 나는 수가 많다.

표 4.8 합성어의 된소리(예)

단 어	발 음	단 어	발 음
강-가	강까	산-새	산쌔
길-가	길까	아침-밥	아침빱
꽃-다발	꼬따발	안간-힘	안깐힘
내일-밤	내일빰	옆-집	엽찝
별-자리	별짜리	눈-동자	눈똥자

5) 겹받침의 발음

'물이 맑다, 보리밭을 밟다' 등의 발음에서, 물이 [막따]인가 [말따]인가? 정답은 [막따]이다. 착각하기 쉬운 겹받침의 발음을 알아보도록 하자.

표 4.9 혼동하기 쉬운 겹받침

단 어	발 음	단 어	발 음
넋을	넉쓸	낡고	날꼬
몫이	목씨	늙고	늘꼬
앉다	안따	닭이	달기
괜찮다	괜찬타	맑다	막따
많고	만코	밝지	박찌

6) 까다로운 발음

그 밖에 까다로운 발음을 살펴보자.

표 4.10 까다로운 발음

단 어	발음(O)	발음(X)
곧이어	고디어	곤니어
곧 있을	고디쓸	곤니쓸
뜻있는	뜨딘는	뜨신는
뜻이	뜨시	뜨디
멋있는	머딘는 / 머신는	
멋없는	머덤는	머섬는
맛이	마시	마디
못 잊어	몬니저	모디저

7) 장 · 단음

'장 · 단음' 하면 대단히 복잡한 것으로 생각할 수 있지만, 대다수 보통의 단어들은 단음이고, 그 밖에 장음만이 따로 존재한다고 생각하면 이해가 쉽다.

장음은 단어의 첫음절, 즉 단어의 맨 앞에서만 장음이 되고, 2음절 이하가 되면 같은 글자라 하더라도 장음이 성립되지 않는다.

예 대 : 개, 대 : 체로, 대 : 통령, 문 : 제, 길 : 다, 사 : 람, 전 : 쟁, 선 : 거 연 : 극, 경 : 상도

특대, 최대, 무한대

숫자에 있어서 한자어로 2, 3, 5는 장음이고, 3, 6, 7, 9는 단음이다. 우리 고유어로 둘, 셋, 넷은 장음이고, 나머지는 단음이다.

위에서 살펴본 발음법칙은 교통법규와 같다. 우리말의 언어질서를 위해 존재하며, 바르게 익혀서 올바른 기내방송을 해보자.

2. 영어 발음연습

1) 영어 발음에 대한 상식

영어에서 과연 '발음'이 중요할까? 정답은 'Yes!'이다. 영어로 기내방송을 할 때 발음이 좋으면 승객들이 방송에 더욱 귀를 쫑긋 세운다. 기내방송이라는 것이 본래 목적이 승객들에게 안전과 서비스에 대한 중요정보를 전달한다는 전달성에 퍼센트가 높다는 점을 감안한다면, 발음이 좋은 영어 기내방송은 효과적이라고 할 수 있다.

그러나 태생적으로 노래를 잘하고 못하는 사람이 있는 것처럼 발음에 대한 감각도 어느 정도 타고나야 한다. 직업적으로 노래를 부르는 가수들도 보컬코치가 따로 있어 발음부터 연습하게 한다. 막연하게 좋은 발음이 아니라 '정확한 발음'을 목표로 한다면, 영어발음은 새로운 어휘나 문법을 학습하는 것과 마찬가지로 학습이 가능하고 훈련을 통해서 많은 부분 교정이 가능하다.

(1) 우리식 음절수를 무시하기

음절이란, 최소의 발음단위로 '자음+모음'의 결합으로 이루어진다. 한국어는 한 글자가 하나의 음절에 해당하여 음절이 끊어지는 위치가 확연한 반면, 영어는 자음이 여러 개 겹쳐오는 경우가 많으므로 음절이 끊어지는 위치에 주의해야 한다.

발음할 때 턱이 떨어지는 위치에 손등을 대고 턱이 몇 번 닿는가를 세면, 영어로 몇 음절인지 알 수 있다.

한국어와 영어의 음절 구성 비교
한국어 : 샌드위치[4음절]
영　어 : 샌ㄷ위ㅊ sand-wich[2음절]

우리말은 음절단위로 또박또박 말해야 발음이 명료해지지만, 영어는 음절마다 강·약을 번갈아 넣으면서 강한 음은 강하게, 약한 음은 소리를 확실히 죽여야 명료한 발음이 된다.

단어로 연습할 때는 정확하게 하다가도, 문장으로 길어지면 다시 한국식 발음으로 돌아가는 경우가 많다. 그런 상황을 대비해서 조금씩 완전한 문장으로 늘여가면서 연습해 보자.

Seat belt
Your seat belt
Fasten your seat belt
Please fasten your seat belt

다음 표현들은 몇 음절에 해당할까? 음절수에 맞게 해당 단어를 써보자.

Ladies and gentlemen, Flight time, After take-off,
Our cabin crew, Happy to serve you, Thank you,
Take the order

1음절 ____________________

2음절 ____________________

3음절 ____________________

(2) 강약이 없는 것은 영어가 아니다

영어와 한국어는 말의 박자가 다르다. 한국어는 단어의 음절 하나하나를 거의 일정한 강세와 길이로 발음하는 음절박자이다.

영어는 단어 내에도 강세가 있는 음절이 따로 있고, 문장 내에서도 강하고 길게 발음하는 단어와 약하고 짧게 지나가는 단어가 따로 있다. 바로 이 강세를 통해 말의 리듬이 생겨난다. 즉 1음절만 넘기면 항상 강세가 들어가는 음절과 그렇지 않은 음절이 생기고, 강세를 분명히 하지 않으면 상대방은 전혀 못알아들을 수도 있다.

표 4.11 영어와 한국어 강세 차이

	영어 강약이 확실함	한국어 강세가 일정
단 어	airplane banana	에/어/플/레/인 바/나/나
문 장	How're you doing lately?	요즘 어떻게 지내니?

음식점에 가서 스파게티(Spaghetti)를 주문할 때, 앞뒤 음절을 정확하게 말 안하더라도, 가운데 ghe/ge/ 발음만 높게, 크게, 그리고 강하게 발음한다면 다 알아듣는다. '스파스게티', '바스게티', '스파게티' 중 어느 것을 이야기해도 다 스파게티로 알아듣는다.

토론토에는 York이 들어가는 지명이 많다. York mills, Yorkville, Yorkdale

이러한 지역 명도 역시 강세를 잘 줘서 '욕 미일', '욕 비일', '욕 대일'로 발음해야 알아들을 수 있다. 캐나다도 그냥 캐나다가 아니라 실제 발음은 '캐너더'이다.

강세는 강약이 교대로 들어가므로, 단어강세는 문장이 되면서 상황에 따라 변할 수 있다.

Chinese
A chinese woman
I met a Chinese woman

(3) 영어가 느끼하게 들리는 이유

영어는 한국어에 비해 터져 나오는 소리, 즉 파열음이 많다. 많은 자음들이 숨을 참았다가 터지는 것 같은 소리를 내는데, 이런 소리는 입을 꼭 다물었다가 터뜨려 주는 것이 포인트이다.

표 4.12 파열음 연습

구 분	요 령	단 어
–[b]	• 입을 딱 붙였다 떼게 되면 [(읍)브]와 같은 소리 • 한국어의 '바다, 보라' 할 때의 [ㅂ]가 아님	Bus, Boy, Beautiful
–[d]	• 윗니 뒤쪽 볼록한 곳에 대었다가 떨어지기 때문에 거의 [(읏)드]처럼 드림 • 한국어의 '도서, 다리'와 같은 [ㄷ]가 아님	Doctor, Dog, Door
–[g]	• 턱을 목 쪽으로 잡아당겨[(윽)그]하는 기분으로 발음 • 한국어의 '가게, 고리'와 같은 [ㄱ]가 아님	Girl, Gas, Guam
–[p]	• [(읖)프]처럼 강하게 터져 나오는 소리로 발음 • 한국어의 '파랑, 포도'와 같은[ㅍ]가 아님	Pool, Party, Police
–[t]	• [d]를 발음할 때와 비슷하며 혀의 위치가 윗니 안쪽 볼록한 부분에 닿았다 떨어져야 함 • [(읏)트]하는 기분으로 발음	Toy, Teacher, Team

또한 영어의 자음은 울리는 소리가 많다. 울리는 소리란, 유성음으로 성대를 울려서 나오는 소리를 말한다. 앞서 살펴본 [b], [d], [g] 등은 모두 성대가 울리는 유성음이기도 하다. Boy, Girl, Dad 등을 발음하면서 자신의 목청에 손을 대본다. 이 때 목청이 떨리는 느낌이 들어야 정확하게 발음하고 있다는 것이다. 이 외에 [j], [l], [m], [n] 등도 발음할 때 모두 목청이 떨리게 된다.

(4) 영어는 겹모음을 한꺼번에 발음하지 못한다

우리나라 성씨 중에 최씨는 대부분 영문으로 표기할 때 'Choi'라고 사용한다. 그런데 외국인들이 이 영문이름을 보고 '초이'라고 발음하는 것을 들은 적이 있을 것이다. 영어는 일단 단자음으로 시작하기 때문이다.

표 4.13 단자음 연습

구 분	내 용	
-[w]	[워]가 아닌 단자음 [우]에서 시작한다. • 와이프(x) • 워먼(x) • 웍(x)	 Wife(우)아이f woman(우)어먼 work(우)어r억
-[y]	[예]가 아닌 단자음[이]에서 시작한다. • 예스(x) • 영(x) • 예스터데이(x)	 Yes(이)에쓰 Young(이)엉 Yesterday(이)에스터r데이
-[-ion]	[션]이 아닌 [sh]에 가볍게 [은]을 가져다 붙이는 기분으로 발음한다. • 액션(x) • 패션(x) • 미션(x)	 Action 액(sh)은 Fashion f패(sh)은 Mission 미(sh)은
-[eu]	[유]가 아닌 [이]에서 시작하여 [이으]하는 기분으로 발음한다. • 유럽(x) • 유로(x) • 유레일패스(x)	 Europe(이)우럽 Euro(이)우러 Eruailpass(이)우레일패쓰

2) 발음기호 별 연습

아래 영어 발음기호를 참고하여 모음과 자음을 연습해 보자.

표 4.14 영어 발음기호

모음	단모음	[i] 이	[e] 에	[ɑ] 아	[ə] 어	[æ] 애	[ʌ] 어	[u] 우	[ɔ] 오							
모음	장모음	[ɑ:] 아−	[ə:] 어−	[i:] 이−	[u:] 우−	[ɔ:] 오−										
모음	이중모음	[ai] 아이	[ei] 에이	[ɔi] 오이	[au] 아우	[ou] 오우	[iə] 이어	[uə] 우어	[ɛə] 에어	[eə] 에어						
자음	무성음	[p] ㅍ	[k] ㅋ	[t] ㅌ	[f] ㅍ	[s] ㅅ	[θ] ㅆ	[ʃ] 쉬	[ʧ] ㅊ	[h] ㅎ						
자음	유성음	[b] ㅂ	[g] ㄱ	[d] ㄷ	[v] ㅂ	[z] ㅈ	[ð] ㄷ	[ʒ] ㅈ	[ʤ] 쥐	[m] ㅁ	[n] ㄴ	[ŋ] ㅇ	[r] ㄹ	[l] ㄹ	반자음 = 반모음 [j] 이	[w] 우

(1) 기내방송 정확한 발음 R과 L발음

표 4.15 R과 L발음

R발음	L발음
upright	ladies
remain	airline
refrain	flight
during	please
cooperation	allowed
recheck	landing
directly	pleasant
read	lead
red	led
right	light
wrong	long
grass	glass
pray	play
fruit	flute

(2) 기내방송 정확한 발음 F와 P발음

표 4.16 F와 P발음

F발음	P발음
flight	please
take–off	position
fastened	prohibited
safety	appreciated
aircraft	cooperation
phone	passenger
refrain	improve
behalf	experiencing
fat	pat
fail	pail
fine	pine
file	pile
foot	put
face	pace
chief	cheap
cliff	clip
laugh	lap
leaf	leap
wife	wipe

(3) 기내방송 정확한 발음 B와 V발음

표 4.17 B와 V발음

B발음	V발음
seatbelt	lavatories
cabin	have
turbulence	serving
bins	overhead
bridge	devices
robe	rove
curb	curve
saber	saver
base	vase
ban	van
bet	vet
berry	very
bat	vat
best	vest
boat	vote

(4) 기내방송 정확한 발음 TH발음

표 4.18 TH발음

θ발음	ð발음
thank	this
think	weather
cloth	although
something	another
south	southern
breath	breathe

(5) 기타 영어읽기 유의사항

- 문장의 띄어 읽기를 정확히 한다.
- 복수 및 단어 끝의 발음을 마지막까지 다 발음한다.

  예 Airlines, Fastened, Overhead bins
- 전치사, 대명사, 정관사는 빼먹지 않는다.
- 인명, 지명, 약어는 마지막 글자를 강하게 발음한다.

  예 Minwoo Lee, New York, Hong Kong, Los Angeles
- 영어발음은 고저, 장단이 중요하다.

3. 중국어 발음연습

1) 중국어의 특성

(1) 성조가 있다

중국어는 세계 언어 중 유일하게 '성조'라는 것을 가지고 있다. 각 글자마다 기본적으로 1성, 2성, 3성, 4성의 네 가지 성조가 있으며 이것을 '4성'이라고 한다. 발음이 같더라도 성조에 따라 그 뜻이 달라진다.

(2) 한자 하나마다 독립된 뜻을 가지고 있다

중국어는 한자로 이루어져 있다. 한자는 글자 하나가 하나의 음절을 이루며 독립된 뜻을 지니고 있다. 그러나 현대 중국어는 한자가 두 개 이상이 모여 하나의 뜻을 이루는 다음절화 되는 추세에 있다.

(3) 어법상의 특징

- 격에 따른 변화가 없다 : 한국말은 격에 따라 단어 뒤에 조사가 붙고, 영어

는 격에 따라 형태가 변하지만, 중국어는 인칭에 따라 한자가 변하지 않는다.

- 동사의 변화가 없다 : 영어는 주어의 인칭이나 시제에 따라 동사가 변하고, 우리말도 시제에 따라 어미가 변하지만, 중국어는 변하지 않고 시간을 나타내는 명사나 부사를 사용하거나 동사 뒤에 조사를 넣어 시제를 나타낸다.
- 명사의 성별 및 단수 / 복수의 변화가 없고 관사나 관계대명사도 없다. 또한 조사가 없고, 우리말에 발달되어 있는 존칭어 또한 대단히 단순하여 '淸, 敬, 老' 등만 사용해도 존칭어로 충분하다.

2) 성조

(1) 4성

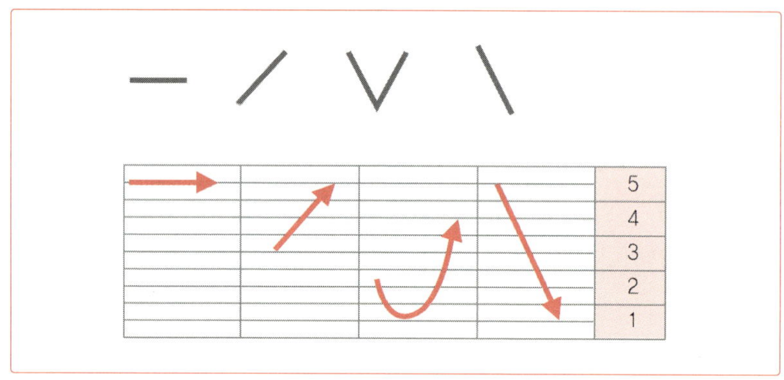

그림 4.1 중국의 4성

- 1성 : 아주 높은 음에서 시작하여 같은 높이로 끝까지 발음한다.
- 2성 : 중간 음에서 아주 높은 음으로 올라가며 소리를 낸다.
- 3성 : 약간 낮은 음에서부터 아주 낮은 음으로 떨어졌다가 다시 올라가며 소리를 낸다.

- 4성 : 아주 높은 음에서 아주 낮은 음으로 뚝 떨어지게 소리를 낸다.

(2) 성조 부호 표기방법

- 모음이 하나만 있을 경우 : 그 모음 위에 표기하며 모음 i에 성조 부호를 붙일 때는 i 위의 점을 없애고 표기한다.
- 둘 이상의 모음이 있을 경우 : 성조 부호는 주요 모음 입 벌리기가 큰 모음인 a, e, o 순으로 표기한다. 모음 a가 있으면 a 위에 붙이고, a가 없으면 e, o 위에 표기한다.
- 모음 i, u, ü가 있을 경우에는 가장 끝에 쓰인 모음 위에 표기한다.
- 경성은 성조를 표기하지 않는다.

(3) 격음 부호

- a, e, o로 시작하는 음절이 다른 음절의 뒤에 올 때는 두 음절의 구분을 확실히 하기 위해서 그 사이에 격음 부호를 쓴다.

(4) 성조의 변화

- 경성 : 4성 이외에 본래의 성조가 변하여 짧고 가볍게 발음해 주는 경우가 있는데, 이를 '경성'이라고 한다. 경성은 대체로 표기를 하지 않거나 모음 위에 ·으로 표기하기도 한다. 경성으로 소리를 내는 경우는 다음과 같다.

- 음이 같거나 뜻이 같은 말이 중복되어 쓰일 때 ----------- mama(엄마)
- 뜻이 같은 글자 또는 반대인 글자끼리 쓰일 때 ----------- dongxi(물건)
- 조사로 쓰이는 경우 ----------- ni ne(당신은요?)
- 접미사로 쓰이는 경우 ----------- women(우리들)

3) 자음과 모음 발음('성모'와 '운모'의 발음)

중국어는 21개의 성모와 39개의 운모로 이루어져 있다.

표 4.19 중국어 음절표

운모 성모	a [아]	o [오]	e [어]	I* [으]	er [얼]	ai [아이]	ei [에이]	ao [아오]	ou [오우]
b	ba	bo				bai	bei	bao	bou
p	pa	po				pai	pei	pao	pou
m	ma	mo	me			mai	mei	mao	mou
f	fa	fo					fei		fou
d	da		de			dai	dei	dao	dou
t	ta		te			tai		tao	tou
n	na		ne			nai	nei	nao	nou
l	la		le			lai	lei	lao	lou
z	za		ze	zi		zai	zei	zao	zou
c	ca		ce	ci		cai		cao	cou
s	sa		se	si		sai		sao	sou
zh									
ch	cha		che	chi		chai		chao	chou
sh	sha		she	shi		shai	shei	shao	shou
r			re	ri				rao	rou
j									
q									
x									
g	ga		ge			gai	gei	gao	gau
k	ka		ke			kai	kei	kao	kau
h	ha		he			hai	hei	hao	hau
	a	o	e		er	ai	ei	a	ou

운모 성모	an [안]	en [언]	ang [앙]	eng [엉]	ong* [옹]	I [이]	ia [이아]	iao [이아오]	ie [이에]	iou [이오우]
b	ban	ben	bang	beng		bi		biao	bie	
p	pan	pen	pang	peng		pi		piao	pie	
m	man	men	mang	meng		mi		miao	mie	miu
f	fan	fen	fang	feng						
d	dan	den	dang	deng	dong	di		diao	die	diu
t	tan		tang	teng	tong	ti		tiao	tie	
n	nan	nen	nang	neng	nong	ni	nia	niao	nie	niu
l	lan		lang	leng	long	li	lia	liao	lie	liu
z	zan	zen	zang	zeng	zong					
c	can	cen	cang	ceng	cong					
s	san	sen	sang	seng	song					
zh										
ch	chan	chen	chang	cheng	chong					
sh	shan	shen	shang	sheng	shong					
r	ran	ren	rang	reng	rong					
j						ji	jia	jiao	jie	jiu
q						qi	qia	qiao	qie	qiu
x						xi	xia	xiao	xie	xiu
g	gan	gen	gang	geng	gong					
k	kan	ken	kang	keng	kong					
h	han	hen	hang	heng	hong					
	an	en	ang	eng			ya	yao	ye	you

운모 성모	ian [이옌]	in* [인]	iang [이앙]	ing* [잉]	iong [이옹]	u [우]	ua [우아]	uo [우오]	uai [우아이]
b	bian	bin		bing		bu			
p	pian	pin		ping		pu			
m	mian	min		ming		mu			
f						fu			
d	dian			ding		du		duo	
t	tian			ting		tu		tuo	
n	nian	nin	niang	ning		nu		nuo	
l	lian	lin	liang	ling		lu		luo	
z						zu		zuo	
c						cu		cuo	
s						su		suo	
zh						zhu	zhua	zhuo	zhuai
ch						chu	chua	chuo	chuai
sh						shu	shua	shuo	shuai
r						ru	rua	ruo	
j	jian	jin	jiang	jing	jiong				
q	qian	qin	qiang	qing	qiong				
x	xian	xin	xiang	xing	xiong				
g						gu	gua	guo	guai
k						ku	kua	kuo	kuai
h						hu	hua	huo	huai
	yan	yin	yang	ying	yong	wu	wa	wo	wai

운모 성모	uei [우에이]	uan [우안]	uen [우언]	uang [우앙]	ueng [우엉]	u [위]	ue [위에]	uan [위옌]	un [윈]
b									
p									
m									
f									
d	dui	duan	dun						
t	tui	tuan	tun						
n		nuan				nu	nue		
l		luan	lun			lu	lue		
z	zui	zuan	zun						
c	cui	cuan	cun						
s	sui	suan	sun						
zh	zhui	zhuan	zhun	zhuang					
ch	chui	chuan	chun	chuang					
sh	shui	shuan	shun	shuang					
r	rui	ruan	run						
j						ju	jue	juan	jun
q						qu	que	quan	qun
x						xu	xue	xuan	xun
g	gui	guan	gun	guang					
k	kui	kuan	kun	kuang					
h	hui	huan	hun	huang					
	wei	wan	wen	wang	weng	yu	yue	yuan	yun

4. 보이스 트레이닝

1) 기본 자음 – 모음 훈련

(1) 발음연습 1

가 구 거 고 그 기 갸 교 겨 규

나 누 너 노 느 니 냐 뇨 녀 뉴

다 두 더 도 드 디 댜 됴 뎌 듀

라 루 러 로 르 리 랴 료 려 류

마 무 머 모 므 미 먀 묘 며 뮤

바 부 버 보 브 비 뱌 뵤 벼 뷰

사 수 서 소 스 시 샤 쇼 셔 슈

아 우 어 오 으 이 야 요 여 유

자 주 저 조 즈 지 쟈 죠 져 쥬

차 추 쳐 초 츠 치 챠 쵸 쳐 츄

카 쿠 커 코 크 키 캬 쿄 켜 큐

타 투 터 토 트 티 탸 툐 텨 튜

파 푸 퍼 포 프 피 파 표 펴 퓨

하 후 허 호 흐 히 햐 효 혀 휴

(2) 발음연습 2

기 게 가 고 구　니 네 나 노 누

디 데 다 도 두　리 레 라 로 루

미 메 마 모 무　비 베 바 보 부

시 세 사 소 수　이 에 아 오 우

해 훠 훼 휘 회

푀 퓌 퓌 패 페

최 재 지 줘 줘

애 외 위 이 에

묘 먀 뮤 며 미 므 무 마 모 뫄

뵤 뱌 뷰 벼 비 브 부 바 보 봐

솨 소 사 수 스 시 셔 슈 샤 쇼

와 오 아 우 으 이 여 유 야 요

왈 왈 왈 왈 왈

콸 콸 콸 콸 콸

철 철 철 철 철

활 활 활 활 활

(3) 발음연습 3

에 레 렐 레　랄 라 라 로
올 롤 룰 루　랄 랄 랄 랄

건　정　청　전　천
계　최　회　돼　과
현　현　황　혜　회
경　명　광　황　탕

브 드 그 드　부 두 구 두
푸 투 쿠 트　피 티 키 티

랄 랄 라　라 랄 라　라 라 랄　릴 라 랄
왈 왈 왈　좔 좔 좔　촬 촬 촬　콸 콸 콸

갸 냐 댜 랴 먀 뱌 샤
와 좌 촤 콰 톼 퐈 화
개 내 대 래 매 배 새
외 죄 최 쾨 퇴 푀 회

(4) 발음연습 4

대우로얄 뉴로얄 / 효고교장 홍교장
시골찹쌀 촌찹쌀 / 시골상추 촌상추

(5) 발음연습 5

들의 콩깍지는 깐 콩깍지인가 안깐 콩깍지인가

내가 그린 기린 그림은 암 기린 그린 기린 그림이고

니가 그린 기린 그림은 숫 기린 그린 기린 그림이다.

경찰청 창살 쇠창살은 쌍쇠창살이고

검찰청 창살 쇠창살은 외쇠창살이다.

저기 있는 말뚝이 말 맬 말뚝이냐, 말 못 맬 말뚝이냐

강원도 양양군 양양면 양양리 양양 양잠점네 양양양

간장공장 공장장은 강 공장장이고, 된장공장 공장장은 공 공장장이다.

저기 있는 저분이 박 법학 박사이시고, 여기 있는 이분이 백 법학 박사이시다.

중앙청 창살은 쌍창살이고, 시청 창살은 외창살이다.

한양 양장점 옆 양장점, 한영 양장점 옆 양장점

(6) 발음연습 6

정확한 발음으로 천천히 읽다가 점점 더 빠른 속도로 읽는다. 정확하게 끊어서 읽는다.

123456	354467	487359	769842
648915	278943	594237	417896
987654	821543	134057	705640

2) 언어표현 연습

TV에서 보는 성우나 아나운서를 떠올려 보자. 정확한 발음, 적당한 속도, 표정이 묻어나는 목소리로 시청자나 청취자들로부터 공감과 감동, 신뢰를 준다. 영국의 전 수상 윌리암 글레드 스턴은 "스피치와 음성훈련을 하는 데에 들인 시간과 돈은 그 어느 것보다 보상이 확실한 투자"라고 말했다.

스피치의 맛을 살려 표현을 잘하는 사람과 못하는 사람의 가장 중요한 차이는 말의 억양이나 속도에 변화를 주며 말하느냐 아니냐이다. 처음부터 끝까지 단조롭게 표현하면 듣는 사람을 지루하게 만들고, 의미 전달을 효과적으로 할 수도 없다. 효과적 말하기 훈련법은 음성의 강·약과 높고 낮음, 그리고 빠르고 느림이 잘 조화된 언어 표현을 익혀야 한다.

(1) 띄어 말하기(Pause)

글을 쓸 때는 단어 중심으로 띄어 쓰지만, 말에서는 그 의미나 흐름에 맞추어 어구를 한 단위로 묶어서 밀하는 게 보통이다. 즉 한 어구 안에서의 낱말을 붙여서 표현하는 것이 물 흐르듯 자연스럽다는 뜻이다.

띄어 읽기를 잘하지 못하면 다른 뜻으로 오해할 수 있을 뿐만 아니라 국어책 읽는 단조로운 스피치가 되므로, 적절히 띄어 읽기를 연습하는 것이 좋다. 이때 속도는 너무 빠르거나 너무 느리지 않도록 주의한다. 말하는 속도가 지나치게 빠르면 듣는 이가 이해하기 어렵고, 너무 느리면 답답하고 주의가 흐트러져서 누구의 귀에도 들어오지 않는다. 듣기 좋은 말의 평균속도는 1분에 100단어 정도이다.

(2) 음성의 고저, 강약, 완급

음성의 고저, 강약, 완급을 살려서 말하는 연습을 하면 내용 전달력이 좋고 스피치에 생동감이 있다. 이 연습을 위해서는 내용이 좋은 신문사설을 선택하여 말의 강약, 어조의 빠르기에 변화를 주며 말하되 읽는 게 아니라 마치 친구에게 말하듯이 자연스럽게 천천히, 그리고 약간 큰소리로 읽는다. 그래야 문장이 단조롭지 않고 리드미컬하게 들려 설득력이 높기 때문이다.

다음의 문장을 그냥 말하기와 음성의 강약, 완급을 살려서 '세게, 약하게, 짧게, 길게' 말하기를 통하여 차이를 비교 연습해 보자.

○ 스피치의 강약, 완급 트레이닝

예 인생자세(☆)란, 자신과 타인에 대해(◆) 어떤 생각과 태도를(○) 가지고 있느냐 하는 것이다. 무엇보다(♠) 긍정적인 인생자세는 '나를 사랑하는 마음'(☆)에서 출발한다. 그리고 이와 같은 마음이 다른 사람에게도(◆) 적용될(♠) 수 있을 때 주변사람들과 최고의(☆) 인간관계를(○) 형성하게 된다.

* ○ : 세게, ◆ : 약하게, ♠ : 짧게, ☆ : 길게

○ 강약을 적용하여 살릴 스피치 부분

예 키워드, 다짐하는 점, 강조할 부분, 엄숙한 의미, 숫자, 사람 이름, 지역, 감정, 의혹, 주제, 격언, 명언 등

(3) 감정이입

'말 못에 자기를 투입하라.' 대중연설의 전문가이자 수많은 베스트셀러의 작가 데일 카네기의 말이다. 억양이나 속도에 변화를 주고 띄어 말하기를 하더라도 화자가 자기의 말에 진심과 열성을 담지 않고 건성으로 말한다면, 결코 듣는 사람의 마음을 사로잡을 수 없다. 말할 때 내용과 일치되는 감정을 목소리와 표정에 담아야 한다. 그래야 그 스피치가 진정으로 살아있다.

아래 예문을 통해 연습해 보자.

○ 감정을 살리는 스피치 트레이닝

예 교수님을 불러본다.
교수님!(정중하게)
교수님!(짜증스럽게)
교수님!(애교 있게)
교수님!(신뢰감 있게)

예 봄바람이 살랑살랑 기분 좋게 불어옵니다.(상쾌하게)
맨주먹으로 권총을 든 강도를 때려잡았습니다.(힘차게)
어제 그 사람과(그녀와) 헤어졌어요.(슬프게)
만나 뵙게 되어 반갑습니다.(정중하게)
너무너무 고마워요.(사랑스럽게)

3) 카리스마 화법

스피치의 카리스마 화법은 그냥 밋밋하고 단조롭게 읽는 것이 아니라, 강조해야 하는 부분을 조금 다르고 강력하게 읽는 연습을 하는 것이다. 가령 다음과 같은 네 문장을 가지고 다른 강조를 주어서 읽어보면, 똑같은 문장이지만 전달되는 느낌은 아주 다름을 알 수 있다.

이러한 방법을 스피치에 적용하여 본인이 강조해야 할 키워드를 카리스마 화법으로, 말하는 연습을 자주 하면 남들과 다른 귀에 쏙 들어오는 스피치가 될 수 있다.

○ 카리스마 스피치 트레이닝

예 **나는** 승무원이 반드시 될 것이다.
나는 **승무원이** 반드시 될 것이다.
나는 승무원이 **반드시** 될 것이다.
나는 승무원이 반드시 **될 것이다.**

카리스마 화법과 더불어 그 문장에서 강조하고자 하는 부분이 있다면 약간 쉼(Pause)을 주어 잠시 호흡을 한 뒤, 강조할 문장이나 키워드가 나오면 더욱 청중을 집중하게 만드는 스피치가 될 수 있는 방법이므로 함께 연습하도록 한다. 다소 시간이 걸리더라도, 도중에 난관이 있더라도 끈기와 오기를 가지고 꾸준히 노력한다면 반드시 꿈은 이루어진다.

4) 스피치 향상 훈련법

스피치에서 다음의 방법을 평소 꾸준히 실천하면 평소 대화를 나누거나 상대를 설득할 때 회의하거나 발표, 면접 시에 도움이 되는 훈련이다.

첫째, 자신이 아나운서라고 생각하고 신문기사나 사설 등의 기사를 소리 내어 읽어보면 좋다. 처음에는 별로 도움이 안 될 것 같아서 하다가 중단하는데, 자꾸 연습해 보면 말할 때와는 다른 호흡이 필요하다는 것을 깨닫고 실제 스피치 능력이 개선되는 효과가 있다.

둘째, 소리 내어 읽는데 익숙해지면, 녹음해서 들어보는 연습을 하면 좋다. 자신이 듣는 목소리가 아니라, 상대방에게 전달되는 자신의 목소리를 들을 수 있어서 교정에 많은 효과가 있는 방법이다. 발음에도 더 주의를 기울이게 되고, 잘못된 말 습관도 알게 되면서 자연스럽게 교정되는 효과가 있다.

셋째, 취약점이나 평소의 말하는 습관 중 좋은 점을 살리고 나쁜 점은 고친다. 신문기사를 큰 소리로 읽는 연습을 하고, 자기소개나 대답을 녹음하여 듣다보면 자신의 목소리나 말하는 습관이 객관적으로 드러나게 되는데, 말하는 속도와 강약의 톤을 조절하며 발음도 교정하고 말할 때의 분위기를 개선하는 노력을 기울여야 한다.

(1) 뉴스리딩 시 유의할 사항

- 확신에 찬 힘찬 목소리여야 한다 : 아랫배로 소리를 내는 훈련을 반복하여

목소리를 크고 강하게 만들어야 한다.

- 목소리의 탄력을 높여야 한다 : 호흡법 훈련을 통해 목소리의 탄력을 높이는 것이 중요한데, 좋은 발성의 원동력은 숨쉬기와 호흡법에서 시작된다는 것이다. 말소리에 적당한 울림, 즉 공명을 주어 듣기 편하도록 해야 한다.
- 발음은 정확하게! 정보 전달력을 높여야 한다 : 말을 처지게 하거나 말을 더듬는다면 명료성이 크게 떨어진다. 취약한 발음을 발견하여 그 부분을 발음할 때 속도를 조절하는 등의 요령을 습득하도록 한다.
- 말하듯이 자연스럽게 구사해야 한다 : 뉴스는 내용상 딱딱하게 느껴지기 쉬우니, 최대한 자연스럽고 듣기 편안하게 구사하도록 한다.
- 말의 완급, 강약, 고저, 장단, 쉬기 등 적절한 변화를 주어야 한다 : 주의력을 집중시키기 위해 말의 맛을 살리는 변화가 문장에 맞게 조절하여 말한다.

TIP

내용과 말의 속도

빠른 속도의 말을 사용해야 하는 경우

- 발언 내용이 쉬운 내용일 때
- 인간관계로 구성된 내용을 말할 때
- 별로 중요하지 않는 내용인 경우
- 사건을 단순 나열하고자 할 때
- 누구나 알고 있는 사실을 언급할 때
- 듣는 사람이 잘 아는 내용일 때

느린 속도의 말을 사용해야 하는 경우

- 발언 내용이 어려운 내용일 때
- 결과에서 원인 순으로 말할 때
- 감정을 억제해야 할 때
- 숫자, 인명, 지명 등을 언급할 때
- 강조하고 싶은 내용일 경우
- 의혹을 일으킬 만하나 내용일 경우

(2) 뉴스 단문리딩 연습

- 국회법제사법위원회는 유관기관과의 관련 문의 협의를 완료했습니다.
- 물가대책심의위원회의 회의 결과에 대한 분당론자와 신당론자의 견해 차이를 보였습니다.

- 긴급 점검단은 점검 전담반실과 검거 전담반실을 점거한 뒤 위법사항을 점검했다.
- 천주교 서울대교구 임응승 신부가 노환으로 선종하여 천주교 용인공원묘지 성직자 묘역에 잠듭니다.
- 청와대 관계자는 국민의 지지를 받고 선출된 대통령을 폄훼라고 반박했습니다.
- 고노 요헤이 전 일본 관방장관이 무라야마 도미이치 전 총리와 함께 오늘 도쿄에서 공동 기자회견을 열고 아베 담화에 대한 입장을 밝힐 예정입니다.
- 양쯔강 후베이성 젠리현 부근에서 구조대원들이 침몰한 둥팡즈싱호 선체에 올라가 작업을 벌이고 있습니다.
- 세계 최대 광학망원경인 거대 마젤란망원경 건설이 오늘 시작됐습니다. 칠레 아카타마 사막에 지어지는 이 망원경의 지름은 25.4m에 달합니다.
- 혁신위가 우왕좌왕하고 쉬쉬 하는 사이, 병원 폐쇄 명령권이 발동되고 휴업령은 해제됐습니다.
- 체납자 재산 추적조사 전담조직을 통해 고액 체납자의 생활실태 확인과 수색, 현장 추적을 강화합니다. 특히 이달부터는 체납자의 소득, 소비지출, 재산변동 현황을 전산 분석하는 체납자의 재산은닉 혐의 분석시스템을 매달 한 차례 이상 가동하여 호화생활 재산은닉 혐의자를 신속히 찾아내기로 했습니다.

(3) 뉴스 장문리딩 연습

- 국회는 오늘 황교안 총리와 장관 등을 출석시킨 가운데, 교육 · 사회 · 문화 분야 대정부 질문을 실시합니다. 오늘 대정부 질문에서는 메르스 사태가 주요하게 다뤄지고, 특히 허술했던 정부의 초기대응 과정을 놓고 여 · 야 의원들의 집중 질의가 예상됩니다. 또, 이른바 성완종 리스트에 대한 검찰수사와 가뭄대책도 주요하게 다뤄질 것으로 보입니다. SBS OOO입니다.

- 유럽연합과의 자유무역협정 발효 5년째를 맞아 다음 달부터 일부 유럽산 수입자동차의 관세율이 낮아집니다. 산업통상자원부는 한 · EU FTA 규정에 따라 다음달 1일부터 배기량 1,500cc 이하 유럽 소형차의 관세율이 현행 2.6%에서 1.3%로 인하된다고 밝혔습니다. 유럽산 하이브리드카 관세율도 2.6%에서 1.3%로 조정되고, 화물차 관세율은 3.3%에서 1.6%로 낮아집니다. MBC뉴스 OOO입니다.
- 경기도가 도민 천 명을 대상으로 쓰레기 처리에 대한 의식조사를 수행한 결과, '최근 1년간 쓰레기 무단투기를 한 적이 있느냐'는 질문에 29.3%가 '있다'고 답했습니다. 특히 응답자 중 남성이 37.6%로 여성 21%보다 많았으며, 10대가 중 · 장년층에 비해 2배 가까이 많은 것으로 조사됐습니다. 이 밖에 도민 69%는 쓰레기 무단투기 포상금이 있다면 신고하겠다는 의향을 밝혔습니다. 경기도는 청소인력 확충과 농촌지역 쓰레기 집하장 설치, 무단투기 신고포상금제 확대 등을 추진하여 대대적인 쓰레기 줄이기에 나설 계획입니다. KBS뉴스 OOO입니다.

음성관리

1. 기내 환경적 영향관리

기내 환경은 일상 환경과 어떻게 다를까? 이륙 후 기체는 10,000마일의 높이, 소리의 스피드에 약간 못 미치는 시속 900km에 다다를 때까지 서서히 고도를 높인다. 기내 환경은 에어컨과 기압 조절장치 등에 의한 인위적 방법으로 최대한 지면과 비슷한 환경으로 유지된다. 그러나 이런 기내 환경은 지면 환경과는 여전히 큰 차이가 남아있다.

(1) 기내 기압 및 요동

비행 중 기체의 내부 기압은 0.8로, 이는 해상 2,000마일의 환경과 같다. 기내 공기 중 산소량은 지면의 80%로 일정비율을 유지하지만, 이륙 후 및 착륙 전 15~30분 사이에 기압의 변화가 발생한다.

TIP
비행기 이·착륙 시의 기압 변화 때문에 귀가 멍멍해지는 경우, 가볍게 하품을 하거나 물을 마신다. 입을 다물고 코를 막은 후 가볍게 부는 것도 좋은 방법이다.

(2) 기온과 습도

기내 온도는 에어컨에 의해 섭씨 23~25℃를 유지한다. 또한 기내 습도는 15% 내·외로 상당히 건조하다. 무의식중에 우리 몸의 수분이 증발하여 피부 및 눈이나 코의 점막이 건조해져서 불편함을 느낄 수도 있다. 성대 점막이 건조해지면 목소리를 낼 때 공기와 성대 점막의 마찰이 심해져 그만큼 상처를 받기가 쉽다. 습도가 높은 여름보다 건조한 겨울철에 목소리가 빨리 쉬거나 갈라지는 것도 바로 이 건조함 때문이다.

TIP

- 얇은 소재의 긴소매 상의를 입는 것이 좋다.
- 한참 기내식 서비스가 복잡할 경우에는 반팔을 입는다.
- 체온을 조절하는 것도 좋지만, 서비스 이후 기내 영화 상영시간 등의 경우에는 가디건이나 긴팔 블라우스를 입어서 체온을 조절한다.
- 성대가 마르지 않도록 생수나 주스 등의 음료를 자주 마시면서 수분을 보충해 준다. 물을 자주 마셔주는 것은 매우 중요하다.
- 알코올, 커피, 홍차 등을 많이 마시면, 오히려 몸의 수분을 더 잃게 된다.
- 평소 건조하고 먼지가 많은 한경을 피하기 위해, 촉촉하게 해주는 워터 스프레이 등을 사용한다.

(3) 소음과 진동

소음 차단벽 및 좌석 개선으로 기내 소음은 최근 몇 년 사이 확연히 줄었다. 보통의 경우 객실 내에서 큰 불편을 느낄 정도는 아니지만, 이·착륙 시 및 엔진 근처 일부에서는 약간의 소음을 감지할 수도 있다. 소음이 발생하면서 상대방과 대화를 위한 목소리를 더 크게 내는 것도 성대를 붓게 하는 한 요인이 될 수 있다.

TIP

직업적으로 목소리를 많이 쓰는 승무원은 말을 할 때 힘을 빼고, 헛기침을 자제하며, 의식적으로 너무 낮은 음성으로 말하지 않도록 주의해야 한다.

(4) 알레르기

다른 승객들이 땅콩 제품을 기내로 반입하는 것을 제지하거나, 소지하신 땅콩 제품을 기내에서 개봉 또는 취식하는 것을 금지하기는 어렵다. 또한 이전 비행 시 남은 땅콩 성분이, 항공기 통로나 좌석 또는 기내 공기에 남아있을 가능성도 있다.

TIP
역류성 질환이 있는 사람은 금연을 하고 기름진 음식, 콜라, 커피 등 카페인이 함유된 음료, 우유, 치즈 등의 유제품은 가급적 덜 섭취하되, 물은 충분히 마신다.

2. 비행 심리적 영향관리

(1) 생각을 바꿔야 목소리가 바뀐다

소리는 목에서 나지만, 소리를 나게 하는 것은 우리의 뇌이다. 성대를 비롯한 후두의 내부 근육과 외부의 근육들은 뇌의 신호에 따라 움직이게 되는데, 이 신호에 영향을 주는 것은 바로 심리상태이다. 그래서 여러 심리학자와 의사들이 사람의 정서와 심리상태를 보여주는 지표로 목소리를 꼽는다. 지그문트 프로이트, 칼 융, 빌헬름 라이히를 비롯하여 많은 학자들이 목소리가 사람의 내면과 외부사이에서 심리를 덮는 막처럼 기능하는지에 관심을 두었다.

TIP
심리상태와 목소리와의 상관관계를 인식한다.

(2) 스트레스와 목소리

분노 등 스트레스 요인이 성대 결절을 일으키는 데에 영향을 미친다. 성대 결절로 진단된 주부 41명과 정상인 주부 35명을 대상으로 정신진단 검사를 실시한 결과, 성대 결절이 있는 환자그룹에서 스트레스, 강박증, 우울증, 분노 등 정신요인이 의미 있게 많았던 것으로 조사되었다. 특히 스트레스가 큰 영향을 미쳤고, 다음으로 강박증, 분노 순이었다. 성대 결절이란, 성대에 혹 모양의 굳은살이 생기는 병으로, 주로 목소리를 많이 쓰는 가수, 목사, 교사 등에서 잘 생긴다.

성대 결절이 오면, 쉰 목소리가 나고 목소리가 쉽게 피곤해져 사회생활에 지장을 받는다. 이 같은 요인은 사람이 스트레스를 받거나 분노하게 되면, 대부분의 경우 음성의 강도가 커지고 성대 점막의 움직임이 빨라져, 성대에 강한 마찰을 일으키게 되기 때문이다. 이러한 과정이 지속적으로 반복되다보면 성대 결절로 진전될 수 있다.

TIP

- 성대 결절을 예방하기 위해서는 기내에서도 자주 목을 쉬게 해주고, 편안한 목소리를 내주는 것이 좋다.
- 숨이 가쁜 상태에서 말하거나 화를 내면서 목소리를 높이면, 성대 근육을 과도하게 긴장시키거나 손상시킬 수 있으므로, 평소 말하는 습관에서도 주의를 기울일 필요가 있다.

(3) 고정관념에서 벗어나기

기존의 관습이나 판단 등에 의해 결정된 틀에 일방적으로 의존하게 되면, 처음 접하게 된 정보에 강한 영향을 받아 경직된 사고를 갖게 되어 발전에 큰 저해가 된다.

예전에는 TV 정규방송의 9시뉴스처럼 뚝 떨어지고 감정이 깃들지 않은 기내방송을 선호한 적이 있었다. 그러던 것이 어느 날 전체 승무원들의 기내방송 교범이 될 녹음파일을 이금희 아나운서가 녹음을 하였었는데, 이금희 아나운서의 장점은 나긋나긋하고 편안하게 방송하는 것이 가장 큰 특징이다.

최근에는 기내방송을 친근하게 하는 쪽으로 기울고 있다. 기내방송을 통해서 라디오 DJ가 되기도 하고, 가수가 되기도 하며, 구수하게 사투리를 구사하는 옆집 언니가 되기도 한다.

TIP

- 다양한 목소리 연출방법을 창의력 있게 표현해 본다.
- 장단과 억양을 적절히 구사한다. 강조할 부분은 길게, 그리고 강하게 한다.
- 감각어와 비유를 적절히 사용하는 연습을 한다.
- 직접화법과 성대묘사를 활용한다. 더욱 실감나는 분위기를 연출한다.
- 접속사, 부사, 형용사에 감정을 이입한다. 내용에 맞는 감정을 적절히 나타낸다.

(4) '기내'라는 한정적인 공간

우리는 상호적인 행동의 형태에 따라 일정한 거리를 취하며 우리의 공간을 조절한다. 친밀한 거리로 들어오는 것은 아주 가까운 사람이거나, 적의를 가지고 공격하려는 사람이다. 따라서 낯선 사람이 이 거리로 들어오면 심리적인 변화를 일으켜서 심장박동이 빨라지고 아드레날린의 분비가 과잉되는 등 신체적 변화를 보인다.

근접거리는 대화의 스타일에도 영향을 준다. 가까운 거리에서는 목소리가 작아지고, 먼 거리일수록 목소리가 커진다. 가까운 거리에서는 부드럽고 비형식적이며 구어적인 문체로 이야기하지만, 먼 거리에서는 딱딱하고 형식적이며 문어적인 문체로 이야기한다. 따라서 가까운 거리에서는 말을 더듬거나 군소리를 집어넣는 것이 큰 결점으로 작용되지 않지만, 먼 거리 특히 '공적인 거리'에서 말을 더듬거나 군소리를 집어넣는 것은 결점으로 작용된다.

음악회나 영화관, 승강기, 지하철 등의 혼잡한 공간에서는 어쩔 수 없이 '친밀한 거리' 안으로 들어가게 된다. 이러한 침해에 대해 대부분의 사람들은 다음과 같은 방법으로 불가피한 침입을 최소화하려는 노력을 한다.

- 다른 사람에게 말을 걸지 않는다.
- 다른 사람과 눈을 맞추지 않는다.
- 감정이 드러나지 않는 무표정한 얼굴을 유지한다.
- 책이나 신문을 가지고 있다면, 깊이 몰두한 것처럼 읽는다.
- 귀에 이어폰을 꽂고 눈을 감고 있는다.
- 복잡할수록 몸을 덜 움직여야 한다.

TIP

- 부드럽고 구어적인 문체로 방송하도록 노력한다.
- 더듬거나 군소리를 집어넣지 않도록 평상 시 방송문을 연습해 둔다.

3. 비행에 따른 신체적 영향관리

(1) 음식 / 음료

햄버거, 샌드위치, 김밥 등 냄새 또는 변질 우려가 있는 음식과 김치, 컵라면, 통조림 반찬류 등 냄새로 인해 주변 고객에게 불편을 끼칠 수 있는 음식 및 냉장 보관이 필요한 음식은 기내에서 취식할 수 없다.

승무원은 불규칙한 비행스케줄과 야간비행 등으로 자칫 식사를 제 때 하지 못할 때가 자주 발생한다. 따라서 한꺼번에 과식을 하거나 탄산음료, 맥주 등 가스가 많이 생성되는 음료를 마시면 위장에 부담을 줄 수 있다. 위장을 비롯한 내장의 원활한 혈액순환은 신체가 따뜻해지는 효과가 있으며, 이는 목소리

발성기관과 그 성능도 크게 관계가 있다.

TIP

- 기내에서 가능한 한 식사를 가볍게 한다.
- 양파, 무, 콩 등 가스가 많이 생기는 음식은 피하는 것이 좋다.

(2) 멀미

항공기가 대기층을 날고 있으므로, 민감한 사람들은 멀미를 할 수 있다. 멀미로 인한 구토 및 헛구역질은 위산을 역류시켜 후두와 성대를 붓게 만든다.

TIP

- 비행 전날 충분한 숙면을 취한다.
- 비행 중 식사를 가볍게 하면 도움이 된다.
- 멀미약을 먹었을 경우에는 사용법을 참조하여 탑승하기 30분 전에 복용하는 것이 좋다.

(3) 시차 증후군

시차가 6시간 이상인 지역으로 여행할 때 겪을 수 있는 증상으로, 장거리를 단시간에 여행함에 따라 생기는 시간차를 인체의 리듬이 따라가지 못하여 생기는 현상이다. 졸음과 피로, 식욕부진 등을 느낄 수 있다. 졸음이나 피로가 누적되면 음성이 전체적으로 가라앉고 갈라지는 경우가 많다.

TIP

비행 전날 잠자리에 들 때, 동쪽방향으로 여행하는 경우, 평소보다 조금 일찍, 서쪽방향으로 여행하는 경우는 평소보다 조금 늦게 잠자리에 들면 시차증후군 예방에 도움이 된다.

(4) 혈액순환 장애

이동이 많거나, 오랫동안 서서 일하는 사람에게 주로 나타나는 질환인 만성

정맥부전은 다리정맥 내 판막이 약해지거나 손상되어 발생한다. 정맥 판막이 손상되면 심장쪽으로 올라가는 다리의 혈액이동이 정상적이지 않기 때문에, 혈액이 정맥에 쌓이게 된다. 주요 증상은 다리가 붓고 무거우며 저리고 쑤신다. 발전되면 하지정맥류가 오기도 한다.

TIP

- 일정한 시간 간격을 두고 가벼운 스트레칭과 마사지를 한다.
- 풋크림을 듬뿍 바르고 답답한 발의 피로를 풀어준다.
- 하지정맥류의 질병이 있거나 다리가 많이 붓는 타입이라면, 탄력 스타킹을 착용하는 것이 도움이 된다.
- 반지 등 몸에 꽉 끼는 장신구는 몸이 붓는 현상으로 인해 간혹 심각한 상황을 유발할 수 있으니, 비행기 출발 전에 제거한다.

PART 3
항공업무 절차에 따른 기내방송

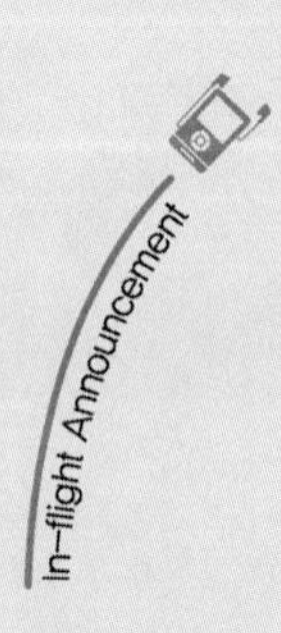
In-flight Announcement

승객 탑승 전 기내방송

1. 사전 탑승안내

1-1 PRE-BOARDING ANNOUNCEMENT : GENERAL
사전 탑승안내

[KE]

정성을 다하는 대한항공에서 탑승 안내말씀드리겠습니다.
____시 ____분 출발 대한항공 ___편 _________행 탑승이 시작되겠습니다.
탑승객 분들은 ___번 탑승구로 오셔서 탑승하여 주시기 바랍니다.
그리고 항공기 탑승 시에는 승무원에게 탑승권을 제시하여 주시기 바랍니다.
감사합니다.

May I have your attention, please?
Passenger for Korean Air, Flight _____ bound for ______,
please proceed to gate number ___for boarding.
And please show your boarding pass to a cabin attendant when you board.
Thank you.

[OZ]

손님 여러분,
___________까지 가는 ___편의 탑승 안내 방송입니다.
유아동반 승객, 어린이, 도움을 필요로 하는 승객은 지금부터 탑승해 주시기 바랍니다.

탑승권과 여권을 준비해 주시고, 일반 승객들은 10분 후에 탑승을 시작하도록 하겠습니다. 감사합니다.

Good afternoon(morning, evening), ladies and gentlemen.
This is the pre-boarding announcement for flight ________ to (도시 명) ________.
We are now inviting those passengers with small children, and any passengers requiring special assistance, to begin boarding at this time. Please have your boarding pass and identification ready, Regular boarding will begin in approximately ten minutes.
Thank you.

2. 출발 지연방송

2-1 PRE-BOARDING ANNOUNCEMENT : DELAY
출발 지연 시

[KE]

정성을 다하는 대한항공에서 _______로 여행하시는 손님 여러분께 출발 지연에 관한 안내 말씀드리겠습니다.
_____시 _____분 출발 예정인 대한항공 ______편 ______행 항공기는(항공기 연결 관계로 인하여) 정시보다 _____분 늦은 _____시 _____분에 출발할 예정이오니, 대단히 죄송하오나 이 점 널리 양해해 주시기 바랍니다. 감사합니다.

May I have your attention, please?
We are sorry to announce that Korean Air flight __bound for ____.
Departing will be delayed for ____minutes due to aircreaft connection.
The new departure time will be ____.
We are sorry for this inconvenience.
Thank you.

[OZ]

안내말씀 드리겠습니다.
_____까지 가는 아시아나항공 _____편은 _______의 폭설(강풍, 폭우, 황사, 짙은 안개)로 인해 출발이 예정보다 지연되고 있습니다.
출발시간은 ____입니다. 이 점 널리 양해해 주시기 바랍니다.
감사합니다.

May I have your attention, please?
We are sorry to announce that Asiana Airlines Flight _____bound for _____ will be delayed due to _____(strong wind, heavy rain, dust, dense fog).
The new departure time will be ____(AM/PM).
Thank you.

3. 탑승구 변경안내

3-1 GATE CHANGE
탑승구 변경

정성을 다하는 대한항공에서 탑승구 변경 안내말씀드리겠습니다.
_____시 _____분 출발 예정인 대한항공 _____편 _________행 항공기의 탑승구가 ____번에서 ____번으로 변경되었사오니, 손님 여러분께서는 ____번 탑승구에서 잠시 대기하여 주시기 바랍니다.
(불편을 끼쳐드려 대단히 죄송합니다.)

May I have your attention, please?
We are sorry to announce that boarding gate of Korean Air flight ___bound for _________departing at _____has been changed from _____to ________.

Please stand by at gate number ________.
We are sorry for this inconvenience.

사진자료 : Luton Airport

그림 6.1 탑승구 안내 사인

승객 탑승 시 기내방송

1. 탑승편 안내방송

1-1 BOARDING ANNOUNCEMENT : GENERAL

항공편 ATD 30분 전

[KE]

정성을 다하는 대한항공에서 _____로 여행하시는 손님 여러분께 탑승안내말씀 드리겠습니다.
____시 ____분 출발 _________행 항공기의 탑승이 시작되겠습니다.
먼저, 노약자 및 유아 동반 손님, 이어서 비즈니스 클래스 손님과 일반석 손님 순으로 _____ 번 탑승구에서 탑승하여 주시기 바랍니다.
또한 항공기 탑승 시에는 승무원에게 탑승권을 제시하여 주시기 바랍니다.
감사합니다.

May I have your attention, please?
Passenger for Korean Air Flight____bound for _____are now preparing for boarding.
Business class passengers who need staff's assistance on boarding, please proceed to gate number________.
And please show your boarding pass to a cabin attendant when you board.
Thank you.

2. 수하물 안내

2-1 BAGGAGE SECURING 1차

승객 40~50% 탑승시점

손님 여러분, 가지고 계신 짐은/ 앞좌석 밑이나 선반 속에 보관해 주시고, 선반을 여실 때는/ 먼저 넣은 물건이 떨어지지 않도록 조심해 주십시오.
감사합니다.

Ladies and gentlemen,
For your comfort and safety, please put your carry-on baggage/ in the overhead bins or under the seat in front of you.
When you open the overhead bins, please be careful as the contents may fall out.
Thank you.

2-2 BAGGAGE SECURING 2차

승객 90% 탑승시점

[KE]

손님 여러분, 이 비행기는 _____까지 가는 대한항공_______편입니다.
안전한 여행을 위해 가지고 계신 짐은/ 앞좌석 밑이나 선반 속에 보관해 주시고, 선반을 여실 때는/ 먼저 넣은 물건이 떨어지지 않도록 조심해 주십시오. 감사합니다.

Ladies and gentlemen,
This is Korean air flight _______ bound for _____.
For your comfort and safety, please put your carry-on baggage/ in the overhead bins or under the seat in front of you.
When you open the overhead bins, please be careful as the contents may fall out. Thank you.

[OZ]

안내말씀 드리겠습니다.
저희 비행기는 _____까지 가는 아시아나항공 ___편입니다.
출발 전, 탑승편수를 다시 한 번 확인하시기 바랍니다.
또한 항공법에 따라 기내사용이 금지된 휴대전화와 전자제품의 전원을 꺼 주시고, 안전을 위해 가지고 계신 짐은 좌석 밑이나 선반 속에 넣어 주십시오.
아울러 선반을 여실 때는 먼저 넣은 짐들이 떨어지지 않도록 유의해 주시기 바랍니다.
감사합니다.

Ladies and gentlemen,
This is Asiana Airlines flight ________bound for ________.
Please check you flight number.
The use of electronic devices such as a mobile phone is now allowed at any time during the flight.
Please turn off your mobile phone and other electronic devies.
Also please keep all carry-on baggage in the overhead bins or under the seat in front of you.
Thank you.

이륙 전 방송

1. 탑승편 및 수하물 안내

1-1 PREPARATION FOR DEPARTURE 8-1-1
항공기 출발 5분 전

손님 여러분, (도시 명)까지 가는 대한항공 ___편, 잠시 후 (/약 __분 후)에 출발하겠습니다. 갖고 계신 짐은 앞좌석 아래나 선반 속에 보관해 주시고, 지정된 자리에 앉아 좌석벨트를 매 주시기 바랍니다. 감사합니다.

Ladies and gentlemen,
This is Korean Air flight __bound for __(via __).
We are just(a few __) minutes away from departure.
Please make sure that your carry-on items are stored in the overhead bins or under the seat in front of you.
Also, please take your assigned seat and fasten your seat belt. Thank you.

2. SLIDE MODE 변경방송

2-1 DOOR SLIDE MODE CHANGE
Slide Mode 변경

Cabin Attendant!
Safety Check!

손님 여러분,
출발을 위해 좌석벨트를 매 주시고, 등받이와 테이블은 제자리로 해주십시오.
그리고 휴대전화는 비행기 항법장비에 영향을 줄 수 있으니 지금 전원을 꺼 주시기 바랍니다.
감사합니다.

Ladies and gentlemen,
To prepare departure, please fasten you seat belt and return you seat and tray table to the upright position.
We also ask you to turn off all mobile phones now, as they can interfere with the aircraft's navigational system.
Thank you for your cooperation.

3. 환영인사

3-1 WELCOME : GENERAL 8-3-1

Safety CHK 후 승무원 Welcome 인사준비 완료 시

[KE]

(국제선) 소중한 여행을 저희 대한항공과 함께 해 주신 손님 여러분, 안녕하십니까?[인사]
스카이팀 회원사인 저희 대한항공은 여러분의 탑승을 신심으로 환영합니다.
이 비행기는 (___를 거쳐) (도시 명)까지 가는 대한항공 ___편입니다.

공동운항
(~이며) (항공사 명)과 공동 운항하고 있습니다.

목적지(중간도착지)인 (도시 명)까지 예정된 비행시간은 이륙 후 __시간 __분입니다.
오늘(성명) 기장을 비롯한 저희 승무원들은 여러분을 정성껏 모시겠습니다.

기내판매 전담승무원 탑승 시

또한 이 구간은 비행시간이 짧은 관계로 구입을 원하시는 면세품을 미리 접수받고 있습니다. 이륙 후 기내판매 담당 승무원에게 말씀해 주시면 식사서비스가 끝난 후 전달해 드리겠습니다.

출발을 위해 좌석벨트를 매 주시고 등받이와 테이블을 제자리로 해 주십시오.
그리고 휴대전화는 비행기 항법장비에 영향을 줄 수 있으니 전원을 꺼 주시기 바랍니다.
계속해서 기내 안전에 관해 안내해 드리겠습니다.
잠시 화면(/승무원)을 주목해 주시기 바랍니다.

Good morning(/afternoon/evening), ladies and gentlemen
Captain(Family Name) and the entire crew would like to welcome you on board Korean Air, a SkyTeam member.
This is flight ___, bound for ___(via ___).

공동운항

code-sharing with ___(Airlines)

Our flight time today will be ___ hour(s) and ___ minute(s) after take-off.

[현지승무원 탑승 시]

일반적인 경우

We have(a)(Name of Country) based cabin crew on board.

운항노선의 언어 구사 가능한 기타지역의 현지 승무원이 탑승한 경우

We have(a)(Name of Country) based cabin crew on board/ to further assist you in(Language)

During the flight, our cabin crew will be happy to serve you in any way we can.

기내판매 전담승무원 탑승 시

Also, due to the limited flight time today, we will be taking your duty free orders in advance. Please make your order with our duty free sales crew after take-off/ and you will be assisted after the meal service.

To prepare for departure, please fasten your seat belt and return your seat and tray table to the upright position.
We also ask you to turn off all mobile phones as they can interfere with the aircraft's navigational system.
And please direct your attention for a few minutes to the video screens (/cabin crew) for safety information.

[OZ]

- '솔' 톤으로 밝고 환영하는 마음이 느껴지도록 방송
- 비정상 상황으로 사과방송 시 '미' 톤으로 차분하게 방송
- 인사문구는 방송 상반부 / 하반부에 선택하여 1회 삽입

손님 여러분 안녕하십니까?

인사문구 택일

(오늘) 스타얼라이언스-아시아나항공 ____편(___항공 ___편)의 탑승을 환영합니다.
(또는 이 비행기는 스타얼라이언스-아시아나항공 ___편(___항공 ___편)입니다.)

당사귀책 지연

______로 인해 출발이 지연돼 (대단히)죄송합니다. 여러분의 양해를 부탁드립니다.

당사귀책 아닌 지연

_____ 로 인해 출발이 지연됐습니다. 여러분의 양해를 부탁드립니다.

PAX Video 미 상영 시

지금부터 좌석벨트를 매 주시고, 좌석 등받이와 테이블은 제자리로 해 주시기 바랍니다. 화장실을 포함한 기내에서는 금연이며 이·착륙할 때는 비행모드의 휴대전화를 포함한 모든 전자제품의 전원을 꺼 주시기 바랍니다.

_____까지 비행시간은 ___시간 ___분이 걸릴 것으로 예상하며, ____기장과 ____캐빈 매니저를 비롯한 승무원들은 최선을 다해 편안하게 여러분을 모시겠습니다.
감사합니다.

인사문구 택일

Ladies and gentlemen,
welcome to Asiana Airlines flight _____(and____airlines flight _____) bound for ________.[Delay : We are sorry for the delay because of _______. Thank you for your understanding.]
Flying us today is Captain_____and the cabin service manager is _____.
Our flight time will be _____hours and _____minutes.
If you need any assistance, please let us know.
Thank you for flying Asiana Airlines, a member of the Star Airlines network. We hope you enjoy the flight.

3-2 WELCOME : TRANSIT STATION

Safety CHK 후 승무원 Welcome 인사준비 완료 시

(1) JOINING PAX가 있는 경우

손님 여러분, 안녕하십니까.[인사]
계속해서 (목적지 : 도시 명)를 향해 출발하겠습니다.
(중간 경유지 : 도시 명)에서 탑승하신 손님 여러분, 늘 저희 대한항공과 함께 해주셔서 (대단

히)감사합니다.
이 비행기는 (도시 명)까지 가는 대한항공 ___편입니다.
[공동운항](~이며)(항공사 명)과 공동 운항하고 있습니다.
목적지인 (도시 명)까지 예정된 비행시간은 이륙 후 ___시간 ___분입니다.

CREW 교대 시

(객실 / 운항) 승무원은 이곳에서 교대했으며, (성명)기장을 비롯한 저희 승무원들은 여러분을 (도시 명)까지 정성껏 모시겠습니다.

출발을 위해 좌석벨트를 매주시고 등받이와 테이블을 제자리로 해 주십시오.
그리고 휴대전화는 비행기 항법장비에 영향을 줄 수 있으니 전원을 꺼 주시기 바랍니다.
계속해서 기내 안전에 관해 안내해 드리겠습니다.
잠시 화면(/승무원)을 주목해 주시기 바랍니다.

Ladies and Gentlemen,
This is the continuation of Korean Air, a member of SkyTeam, flight ___bound for ___.(in co-operation with ___ airlines).
Our flight time today will be ___ hour(s) and ___ minute(s) after take-off.

CREW CHANGE

There has been a crew change here and we would like to welcome those passengers who joined us in ___.

[현지 승무원 탑승 시]

일반적인 경우

We have(a)(Name of Country) based cabin crew on board.

운항노선의 언어 구사 가능한 기타지역의 현지 승무원이 탑승한 경우

We have(a)(Name of Country) based cabin crew on board/ to further assist you in(Language) During the flight, our cabin crew will be happy to serve you in any way we can.

To prepare for departure, please fasten your seatbelt and return your seat and tray table to the upright position.
We also ask you to turn off all mobile phones as they can interfere with the aircraft's navigational system.
And please direct your attention for a few minutes to the video screens (/cabin crew) for safety information.

(2) JOINING PAX 없는 경우

손님 여러분, 안녕하십니까.[인사]
계속해서 (목적지)를 향해 출발하겠습니다.
목적지인 (도시 명)까지 예정된 비행시간은 이륙 후 ___시간 ___분입니다.

> **CREW 교대 시**
> (객실 / 운항) 승무원은 이곳에서 교대했으며, (성명)기장을 비롯한 저희 승무원들은 여러분을 (도시 명)까지 정성껏 모시겠습니다.

출발을 위해 좌석벨트를 매 주시고 등받이와 테이블을 제자리로 해 주십시오.
그리고 휴대전화는 비행기 항법장비에 영향을 줄 수 있으니 전원을 꺼 주시기 바랍니다.
계속해서 기내 안전에 관한 안내를 드리겠습니다.
잠시 화면(/승무원)을 주목해 주시기 바랍니다.

Welcome back aboard, ladies and gentlemen.
This is the continuation of Korean Air, a member of SkyTeam, flight ___ bound for ___.(in co-operation with ___ airlines).
Our flight time today will be ___hour(s) and ___minute(s) after takeoff.

> **CREW CHANGE**
> *There has been a crew change here in ___.*

[현지 승무원 탑승 시]

일반적인 경우

We have(a)(Name of Country) based cabin crew on board.

운항노선의 언어 구사 가능한 기타지역의 현지 승무원이 탑승한 경우

We have(a)(Name of Country) based cabin crew on board/ to further assist you in(Language) During the flight, our cabin crew will be happy to serve you in any way we can.

To prepare for departure, please fasten your seatbelt and return your seat and tray table to the upright position.
We also ask you to turn off all mobile phones as they can interfere with the aircraft's navigational system.
And please direct your attention for a few minutes to the video screens (/cabin crew) for safety information.

(3) UNSCHEDULED STOPOVER

손님 여러분, 안녕하십니까.[인사]
언제나 대한항공을 아껴주셔서(대단히) 감사합니다.

직힝편

이 비행기는 서울 / (도시 명) (도시 명 / 서울)을 운항하는 대한항공 ___편입니다.

경유편

이 비행기는 (___를 거쳐) (도시 명)까지 가는 대한항공 ___편입니다.

오늘 (도시 명)까지 가는 동안 심한 맞바람의 영향으로 ___공항을 경유하게 된 점, 양해해 주시기 바랍니다.
목적지인 (도시 명)까지 예정된 비행시간은 이륙 후 ___시간 ___분입니다.

CREW 교대 시

(객실 / 운항) 승무원은 이곳에서 교대했으며, (성명)기장을 비롯한 저희 승무원들은 여러분을 (도시 명)까지 정성껏 모시겠습니다.

출발을 위해 좌석벨트를 매주시고 등받이와 테이블을 제자리로 해 주십시오.
그리고 휴대전화는 비행기 항법장비에 영향을 줄 수 있으니 전원을 꺼 주시기 바랍니다.
계속해서 기내 안전에 관한 안내를 드리겠습니다.
잠시 화면(/승무원)을 주목해 주시기 바랍니다.

Good morning(/afternoon/evening), ladies and gentlemen,

DIRECT

Welcome aboard Korean Air non-stop service to ___.

STOP OVER

Welcome aboard Korean Air flight ___ bound for___(via ___).
Due to seasonal headwinds, we will have a short stopover at ___ airport.
Our flight time today will be ___ hour(s) and ___ minute(s) after takeoff.

[현지 승무원 탑승 시]

일반적인 경우

We have(a)(Name of Country) based cabin crew on board.

운항노선의 언어 구사 가능한 기타지역의 현지 승무원이 탑승한 경우

We have(a)(Name of Country) based cabin crew on board/ to further assist you in(Language) During the flight, our cabin crew will be happy to serve you in any way we can.

To prepare for departure, please fasten your seatbelt and return your seat and tray table to the upright position.
We also ask you to turn off all mobile phones as they can interfere with the aircraft's navigational system.
And please direct your attention for a few minutes to the video screens (/cabin crew) for safety information.

3-3 WELCOME : SPECIAL

상황별 인사 / Welcome방송 서두에 실시

(1) 새해인사(실시 일자 : 새해 당일)

손님 여러분, ___년 새해가 밝았습니다.
새해 복 많이 받으십시오.[인사]
올 한해도 늘 오늘과 같은 행복한 희망을 안고 지내시기 바랍니다.
이 비행기는 (도시 명)까지 가는 스카이팀 회원사인 대한항공 ___편입니다.(이하 동일)

Happy New Year, ladies and gentlemen,
Captain(Family Name) and the entire crew would like to welcome you onboard Korean Air, a SkyTeam member, flight ___, bound for ___.
(이하 동일)

(2) 설날(실시 일자 : 설 연휴기간)

손님 여러분, 새해 복 많이 받으십시오.[인사]
가족과 이웃이 함께 정을 나누는 즐거운 설 명절입니다.
새로운 희망과 넉넉한 마음을 함께 나누는 훈훈한 설 연휴를 보내시기 바랍니다.
이 비행기는 (도시 명)까지 가는 스카이팀 회원사인 대한항공 ___편입니다. (이하 동일)

Good morning(/afternoon/evening), ladies and gentlemen.
It is our great pleasure to have you on board for the Lunar New Year's Day.

Captain(Family Name) and the entire crew would like to welcome you onboard Korean Air, a SkyTeam member, flight ___, bound for ___.
(이하 동일)

(3) 추석(실시 일자 : 추석 연휴 기간)

소중한 여행을 저희 대한항공과 함께 해 주신 손님 여러분, 안녕하십니까.[인사]
가족과 이웃이 함께 할 수 있어 즐거운 추석명절입니다.
늘 한가위와 같은 풍요로움이 여러분과 함께 하기를 바랍니다.
이 비행기는 (도시 명)까지 가는 스카이팀 회원사인 대한항공 ___편입니다.(이하 동일)

Good morning(/afternoon/evening), ladies and gentlemen.
It is our great pleasure to have you on board for '추석', which is Korea's Thanksgiving Day.
Captain(Family Name) and the entire crew would like to welcome you onboard Korean Air, a SkyTeam member, flight ___, bound for ___.
(이하 동일)

(4) 성탄절(실시기간 : 성탄절 당일)

저희 대한항공을 찾아주신 손님 여러분, 안녕하십니까.[인사]
하늘과 땅, 온누리에 소망이 가득한 성탄절입니다.
이웃과 더불어 사랑을 나누는, 기쁨이 가득한 성탄절을 보내시기 바랍니다.
이 비행기는 (도시 명)까지 가는 스카이팀 회원사인 대한항공 ___편입니다.(이하 동일)

Merry Christmas, ladies and gentlemen,
Captain(Family Name) and the entire crew would like to welcome you onboard Korean Air, a SkyTeam member, flight ___, bound for ___.
(이하 동일)

(5) 단체탑승 시(전체승객의 30% 이상일 경우)

출발 시

소중한 여행을 저희 대한항공과 함께 해주신 손님 여러분, 안녕하십니까.[인사]
그리고, 오늘 이 비행기에 탑승하신 (단체명)여러분, 스카이팀 회원사인 저희 대한항공은 여러분의 탑승을 진심으로 환영합니다.
이번 여행기간 동안 즐겁고 보람된 여정을 보내시기 바랍니다.
이 비행기는 (도시 명)까지 가는 스카이팀 회원사인 대한항공 ___편입니다.(이하 동일)

귀로 시

소중한 여행을 저희 대한항공과 함께 해 주신 손님 여러분, 안녕하십니까.[인사]
그리고, 오늘 이 비행기에 탑승하신 (단체명)여러분, 스카이팀 회원사인 저희 대한항공은 여러분의 탑승을 진심으로 환영합니다.
이번 여행이 여러분의 기억 속에 소중한 추억으로 간직되시기 바랍니다.
이 비행기는 (도시 명)까지 가는 스카이팀 회원사인 대한항공 ___편입니다.(이하 동일)

(6) 신규노선 개설

손님 여러분, 안녕하십니까.[인사]
(출발지) / (도착지)구간을(처음) 취항하는 뜻 깊은 날, 저희 대한항공과 함께 해주셔서, (대단히) 감사합니다.
21세기의 큰 날개 저희 대한항공은 ___ / ___노선 취항의 기쁨을 손님 여러분과 함께 나누기를 바랍니다.
목적지(/중간도착지)인 ___까지 예정된 비행시간은 이륙 후 ___시간 ___분입니다.(이하 동일)

Good morning(/afternoon/evening), ladies and gentlemen,
Captain(Family Name) and the entire crew would like to welcome you onboard Korean Air, a SkyTeam member.
We would like to extend our most cordial thanks to all passengers on board this(inaugural) flight.
This is flight ___, bound for ___.(이하 동일)

4. 승객 안전 브리핑

4-1 SAFETY DEMONSTRATION : 국내선

Routine Announcements

계속해서(/지금부터) 비상구 위치와 비상장비 사용법에 대해 안내해 드리겠습니다.
잠시 주목해 주시기 바랍니다.

Ladies and gentlemen,
We will now show you the safety features of this aircraft.
Please direct your attention for a few minutes to the cabin crew for safety information.

이 비행기의 비상구는 모두 ※개로/ 좌 · 우에 각각 있습니다.
There are ___ emergency exits on both sides of the aircraft.

좌석벨트 사인이 켜지면 반드시 좌석벨트를 매 주십시오.
When the seatbelt sign is on, please fasten your seatbelt.

벨트는 버클을 끼워 허리 아래로 내려서 조여 주시고, 풀 때는 덮개를 들어 올리시면 됩니다.
To fasten the seatbelt, insert the link into the main buckle and tighten the strap across your hips securely.
To release the seatbelt, raise the flap of the buckle.

산소마스크는 선반 속에 있으며, 산소공급이 필요한 비상시에 저절로 내려옵니다.
Your oxygen mask is in the overhead compartment and it will drop automatically when needed.

마스크가 내려오면 앞으로 잡아당겨 코와 입에 대시고 끈으로 머리에 고정해 주십시오.
When the mask appears, pull the mask toward you and cover your nose and mouth, then adjust the elastic head band.

도움이 필요한 동반자가 있을 때는/ 먼저 착용하신 후 도와 주시기 바랍니다.
Please put your mask on first and then help somebody who may need your assistance.

여러분의 좌석(또는 팔걸이) 아래에 있는 구명복은/ 비행기가 바다에 내렸을 경우 사용하시게 됩니다.
Your life vest is located under your seat(or beside your seat) for use in an emergency landing on the water.

구사양 구명복(dual chamber) 탑재 시

착용하실 때는 머리 위에서부터 입으시고, 양 팔을 끼운 다음 끈을 아래로 당기십시오.
노란색 손잡이를 양 옆으로 잡아당겨 몸에 맞도록 조절해 주십시오.
To put the vest on, slip it over your head, then adjust the straps around your waist.

신사양 구명복(one chamber) 탑재 시

착용하실 때는 머리 위에서부터 입으시고, 버클을 끼운 다음 끈을 몸에 맞도록 조절해 주십시오.
To put the vest on, slip it over your head, then adjust the strap around your waist.

구명복은 기내에서 부풀지 않도록 유의해 주시고, 부풀릴 때는 탈출 직전 비상구 앞에서 붉은색 손잡이를 당기시면 됩니다.
Please do not inflate the vest inside the aircraft.
To inflate the vest, pull the red tab(s) down in front of an exit door just before leaving the aircraft.

충분히 부풀지 않을 때는/ 고무관을 힘껏 불어 주십시오.
You can also inflate it by blowing into the tube(s).

red tab(s)와 tube(s)의 경우, 구사양 구명복은 복수로, 신사양 구명복은 단수로 방송한다.

보다 자세한 사항은/ 앞좌석 주머니에 있는 안내문을 참고하시기 바랍니다.
For further information, please refer to the safety information card in your seat pocket.

아울러 항공기 내에서의 흡연은 엄격히 금지되어 있음을 알려드립니다.
Also, we'd like to remind you that smoking is strictly prohibited during the flight.

감사합니다.

4-2 SAFETY DEMONSTRATION : 국제선

Routine Announcements

계속해서(/지금부터)/ 비상구 위치와 비상장비 사용법에 대해 안내해 드리겠습니다.
잠시 주목해 주시기 바랍니다.
Ladies and gentlemen,
We will now show you the safety features of this aircraft.
Please direct your attention for a few minutes to the cabin crew for safety information.

이 비행기의 비상구는 모두 ※개로/ 좌 · 우에 각각 있습니다.
There are ___emergency exits on both sides of the aircraft.

만일의 경우에 대비해/ 여러분의 좌석에서 가장 가까운 비상구 위치를/ 확인하시기 바랍니다.
Please take a moment to locate the nearest exit from your seat.

비상 시 비행기의 전원이 꺼질 경우/ 통로의 유도등이 자동으로 켜지며, 이 유도등은 비상구까지 여러분을 안내할 것입니다.
If there is a loss of electrical power, Emergency Track Lights near the floor will be turned on to guide you to an exit.

좌석벨트 사인이 켜지면/ 반드시 좌석벨트를 매주십시오.
When the seatbelt sign is on, please fasten your seatbelt.

벨트는 버클을 끼워 허리 아래로 내려서 조여 주시고/ 풀 때는 덮개를 들어 올리면 됩니다.
To fasten the seatbelt, insert the link into the main buckle and tighten the strap across your hips securely.
To release the seatbelt, raise the flap of the buckle.

산소마스크는 선반 속에 있으며/ 산소공급이 필요한 비상시에 저절로 내려옵니다.
Your oxygen mask is in the overhead compartment and it will drop automatically when needed.

마스크가 내려오면 앞으로 잡아당겨/ 코와 입에 대시고/ 끈으로 머리에 고정해 주십시오.
When the mask appears, pull the mask toward you and cover your nose and mouth, then adjust the elastic head band.

도움이 필요한 동반자가 있을 때는/ 먼저 착용하신 후 도와주시기 바랍니다.
Please put your mask on first and then help somebody who may need your assistance.

여러분의 좌석([상위[class] 또는 팔걸이) 아래에 있는 구명복은/ 비행기가 바다에 내렸을 경우 사용하시게 됩니다.
Your life vest is located under your seat(or beside your seat) for use in an emergency landing on the water.

구사양 구명복(dual chamber) 탑재 시
착용하실 때는 머리 위에서부터 입으시고, 양 팔을 끼운 다음 끈을 아래로 당기십시오.
노란색 손잡이를 양 옆으로 잡아당겨 몸에 맞도록 조절해 주십시오.
To put the vest on, slip it over your head, then adjust the straps around your waist.

신사양 구명복(one chamber) 탑재 시

착용하실 때는 머리 위에서부터 입으시고, 버클을 끼운 다음 끈을 몸에 맞도록 조절해 주십시오.

To put the vest on, slip it over your head, then adjust the strap around your waist.

구명복은 기내에서 부풀지 않도록 유의해 주시고, 부풀릴 때는 탈출 직전 비상구 앞에서 붉은색 손잡이를 당기시면 됩니다.

Please do not inflate the vest inside the aircraft. To inflate the vest, pull the red tab(s) down in front of an exit door just before leaving the aircraft.

충분히 부풀지 않을 때는/ 고무관을 힘껏 불어 주십시오.

You can also inflate it by blowing into the tube(s).

red tab(s)와 tube(s)의 경우, 구사양 구명복은 복수로, 신사양 구명복은 단수로 방송한다.

B737 제외

또한, 비상구마다 장착된 탈출 미끄럼대를 구명보트로 사용하실 수 있습니다.

Each door is equipped with an escape slide that may be detached and used as a life raft.

PUS / GUM v.v B738 운영 시

또한, 앞쪽 비상구에 장착된 탈출 미끄럼대는 부유물로 사용하실 수 있습니다.

The front exits are equipped with a detachable slide that can be used for flotation.

구명보트는 가운데 선반에 탑재되어 있으니, 승무원의 지시에 따라 사용해 주시기 바랍니다.

Life rafts are located in the overhead bins at the middle of the airplane. Should the use of the life rafts be required, please follow the instructions of our cabin crew.

보다 자세한 사항은/ 앞좌석 주머니에 있는 안내문을 참고하시기 바랍니다.
For further information, please refer to the safety information card in your seat pocket.

아울러 안내문에 설명된 바와 같이/ 비상구 좌석에 앉으신 분께서는/ 비상 시 저희 승무원과 함께/ 다른 승객의 탈출을 돕도록 되어 있습니다.
여러분의 적극적인 협조를 부탁드립니다.
If you are seated in an exit seat, you must be able to assist other passengers in an emergency.
Your cooperation will be appreciated.

또한, 화장실을 비롯한 모든 곳에서 담배를 피우시는 것은 항공법으로 금지돼 있으니, 유의하시기 바라며,/ 비행기가 뜨고 내릴 때는, 안전운항에 영향을 주는 전자기기의 사용을 삼가시기 바랍니다.
Please refrain from smoking at any time in the cabin or in the lavatories. Also, the use of portable electronic devices is not allowed during take-off and landing.

감사합니다.

5. 이륙안내

5-1 TAKE-OFF

Routine Announcements

손님 여러분,(기다려 주셔서 감사합니다.)
우리 비행기는 이제 이륙하겠습니다.
여러분의 안전을 위해, 좌석벨트를 매셨는지 다시 한 번 확인해 주시기 바랍니다.

Thank you for waiting, ladies and gentlemen.
We are about to take off. For your safety, please check that your seatbelt is securely fastened.

이륙 후 방송

1. 좌석벨트 사인 꺼짐안내

1-1 SEATBELT SIGN OFF : 좌석벨트 상시착용 안내 9-1-1

Fasten Seatbelt Sign Off 직후

[KE]

손님 여러분, 방금 좌석벨트 표시등이 꺼졌습니다.
그러나 비행기가 갑자기 흔들리는 경우에 대비해 자리에서는 항상 좌석벨트를 매고 계시기 바랍니다.
그리고 선반을 여실 때는 안에 있는 물건이 떨어지지 않도록 조심해 주십시오.
손님 여러분께 다양한 혜택을 드리는 대한항공의 스카이패스에 대한 정보는 기내지 모닝 캄을 참고해 주시고, 회원 가입을 원하시는 분은 저희 승무원에게 말씀해 주시기 바랍니다.

AVOD장착 기종 : 중 · 장거리 운항 시

또한, 여러분의 건강하고 쾌적한 여행을 위해 기내체조 비디오가 준비돼 있습니다.
손님 여러분의 모니터를 통해 비행 중 언제든지 보실 수 있습니다.

A380 기종 : 5시간 이상 중 · 장거리 운항 시

아울러, 이 비행기의 1층 뒤쪽에는 면세품 전시공간이 마련돼 있습니다. 비행 중 언제든지 전시된 다양한 상품들을 직접 보고 안내받으실 수 있습니다.
하늘 위에서 즐겁고 편리한 쇼핑 하시기 바랍니다. 감사합니다.

Ladies and gentlemen, The captain has turned off the seatbelt sign.
In case of any unexpected turbulence, we strongly recommend you keep your seatbelt fastened at all times while seated.
Please use caution when opening the overhead bins as the contents may fall out.
Please refer to the Morning Calm magazine in your seat pocket for information about SKYPASS membership.
If you wish to join, please ask our cabin crew.

AVOD장착 기종 : 중 · 장거리 운항 시

For your comfort, Korean Air now presents a stretching video available on our in-flight entertainment system.
You can watch it through your individual monitor at any time during the flight.

A380 기종 : 5시간 이상 중 · 장거리 운항 시

Also, on this aircraft, there is an onboard duty-free showcase/ offering a selection of products,/ located at the end of the first deck.
You can actually see the items and get information before purchasing.
We hope you enjoy this unique midair shopping experience. Thank you

[OZ]

손님 여러분,
지금부터 좌석벨트 착용 표시등이 꺼져 이동하실 수 있습니다만, 예상치 못한 기류변화로 비행기가 갑자기 흔들릴 수 있습니다.
안전을 위해 좌석에 앉아 계실 때는 좌석벨트를 매 주십시오. 그리고 화장실과 기내에서는 금연해 주십시오. 감사합니다.

Ladies and gentlemen,
Although the seat belt sign has been turned off, in case of sudden turbulence,

please keep you seat belt fastedned at all times during the flight.
We recommend that you continue to wear your seat belt fastened during the flight.
We'd like to remind you that smoking is prohibited in the cabin and lavatories.
your cooperation is much appreciated.
Thank you.

2. 특별서비스 안내

2-1 A380기종 BAR 홍보

A380기종 5시간 이상 중 · 장거리 운항 시
운항승무원 Welcome 방송에 이어 실시
PR / CL만 실시

안내말씀 드리겠습니다.
여러분께서 탑승하신 이 비행기의 앞쪽과 뒤쪽에는 기내 휴식공간이 마련되어 있습니다.
구름 위에서 즐기는 편안한 휴식과 특별한 즐거움을 만끽하시기 바랍니다.
감사합니다.

Ladies and gentlemen,
We would like to remind you that there are special rest areas at the front and rear sections of this aircraft.
Please relax and enjoy a delightful moment in the air.
Thank you.

2-2 보졸레 누보(Beaujolais Nouveau) SVC 홍보

실시시점 : Wine SVC가 있는 EY meal SVC직전
실시기간 : Beaujolais Nouveau 탑재기간(공지)
EY / CL만 실시(단, B737은 ALL PA)

손님 여러분께 안내말씀 드리겠습니다.
잠시 후 식사 시에 보졸레 누보 와인을 서비스하겠습니다.
프랑스 보졸레 지방에서 올 해 수확한 햇포도로 만든 보졸레 누보 와인은 부드럽고 향긋한 맛으로 세계 와인 애호가들을 사로잡는 신선한 와인입니다.
보졸레 누보와 함께 즐거운 식사시간이 되시기 바랍니다.
감사합니다.

Ladies and gentlemen,
We are glad to announce that we will be serving Beaujolais Nouveau today.
Beaujolais Nouveau is a fresh French wine made from newly harvested grapes this year and famous for its fresh and fruitful taste.
We hope you enjoy your meal with Beaujolais Nouveau.
Thank you.

3. 서비스 계획 안내방송

3-1 SERVICE PLAN
기내서비스 시작 전

손님 여러분,
_____까지 가시는 동안 제공되는 서비스에 대해 안내해 드리겠습니다.
잠시 후 음료와 아침(점심 · 저녁 · 간단한) 식사를 드리겠습니다.

첫 번째 식사 후 면세품 판매 시
식사 후에는 면세품을 판매하겠습니다.

그리고 도착 ____시간 ____분 전에 음료와 아침(점심 · 저녁 · 간단한) 식사를 드리겠습니다.

두 번째 식사 후 면세품 판매 시
식사 후에는 면세품을 판매하겠습니다.
즐겁고 편안한 여행이 되시기 바랍니다.

Ladies and gentlemen,
We would like to briefly inform you about our service today.
We will begin our in flight service starting with beverages, and breakfast (lunch/dinner/a light meal)will follow.

첫 번째 식사 후 면세품 판매 시
Also, in-flight sales will begin after the meal service is completed.

And, approximately ____hours _____minutes prior to landing,(breakfast/lunch/dinner/a light meal)will seved.
We hope you understand that your meal choice may not be available.

두 번째 식사 후 면세품 판매 시
Also, in-flight sales will begin after the meal service is completed.

Thank you for choosing Korean Air, have a pleasant flight.

4. 면세품 판매안내

4-1 IN-FLIGHT SALES 9-4-1

기내판매 시작 전

손님 여러분, 대한항공에서는 손님 여러분의 편리한 쇼핑을 위해, 우수한 품질의 다양한 면세품들을 일반 면세점보다 저렴한 환율로 판매하고 있습니다.

구입을 원하시는 분은 판매 카트가 지나갈 때에 말씀해 주시기 바랍니다.
또한 (국가 명)에서 환승하시는 손님 중에 액체류를 구입하기 원하시는 분은 승무원에게 문의하시거나, 기내지 SKYSHOP을 참고하시기 바랍니다.

A380 기종으로 NRT, HKG노선 운항 시

또한 A380 취항을 기념하여 특별히 준비한 '보테가 리파소' 와인과 '앱솔루트 엘릭스' 보드카를 판매하고 있으니, 구입을 원하시는 분께서는 저희 승무원에게 말씀해 주시기 바랍니다.

소형기종 운항 노선

참고로, 이 구간에서는 일부 상품만을 탑재해 판매하고 있습니다.
자세한 내용은 기내지 SKYSHOP, '소형기종 판매상품 안내'편을 참고하시기 바랍니다.

사전 주문제도 홍보 : 한·일 / 한·중 OUT-BOUND 및 ICN / TAS / CAI구간

아울러, 면세품 사전 주문제도를 이용하시면 귀국편 비행기에서 품절의 우려 없이 주문하신 상품을 먼저 전달받으실 수 있음을 알려드립니다.
사전주문을 원하시는 분은 좌석 앞주머니 속의 '귀국편 예약주문서'를 작성하신 후, 승무원에게 말씀해 주시기 바랍니다.

면세 허용량-독일, 태국은 반드시 실시(기타 국가는 필요 시)

참고로, (국가 명)에 입국하시는 손님의 면세 허용량은 담배 ___ 갑, 주류 ___ 병임을 알려드립니다.

다음 구간이 면세품 판매불가 구간인 경우

그리고(도시 명) / (도시 명)구간에서는, 면세품을 구매하실 수 없음을 알려드립니다.
[ICN / TAS, CAI / TAS구간] 계속해서 (도시 명)까지 가시는 손님 여러분께서는 타슈켄트 공항에서 재탑승 하실 때 주류, 화장품, 향수 등의 액체류 기내 반입에 불편을 겪으실 수 있습니다.
면세품 중 액체류를 구입하기 원하시는 분께서는 타슈켄트 공항에서 재탑승 하신 후 (도시 명) / (도시 명)구간에서 구매하시기 바랍니다.

Ladies and gentlemen,
Our in-flight duty free sales have started and you may now purchase duty free items or order items for your return flight.
Passengers transferring from(국가 명) *should contact with cabin crew when purchasing duty free liquor items.*
For more information, please refer to the 'Sky Shop' magazine in your seat pocket.
If you need any assistance, our cabin crew is happy to help you.

면세 허용량 : 독일, 태국은 반드시 실시(기타 국가는 필요 시)

We would like to remind you that the duty free allowance for (COUNTRY) is ___ bottle(s) of liquor and ___ carton(s) of cigarettes.

다음 구간이 면세품 판매불가 구간인 경우

Also, we would like to let you know that duty free sales will not be available on the next portion of our flight, between ___ and ___.

ICN / TAS, CAI / TAS 구간

Passengers continuing on to(___) with us must comply with the regulations regarding how passengers carry liquids or gels on board the aircraft. If you want to buy duty free items, please purchase them on the next flight portion, between ___ and ___.

4-2 IN-FLIGHT SALES : 카트판매 종료 안내 9-4-2

기내판매 종료 시

안내말씀 드리겠습니다.
판매카트를 이용한 기내판매를 마치겠습니다.

아직 구입을 못하신 분이나, 추가로 구입을 원하시는 분께서는 비행 중 언제든지 저희 승무원에게 말씀해 주시기 바랍니다.

출발편
아울러, 저희 대한항공에서는 면세품 사전 주문제도를 운영하고 있습니다.
귀국편에 필요한 면세품을 미리 주문하실 분께서는, 저희 승무원에게 말씀해 주십시오.

Ladies and gentlemen,
We would like to remind you that you may purchase duty free items at any time during the flight.

출발편
Also, if you would like to order duty free items for your return flight, please contact one of our cabin crew who will be happy to help you.

4-3 IN-FLIGHT SALES : 면세품 사전주문 안내 : PUS / FUK v.v

음료서비스 시작시점

손님 여러분,
저희 대한항공에서는 귀국하실 때 편리하게 면세품을 구입하실 수 있도록 면세품 사전주문 제도를 운영하고 있습니다.
오늘 기내에서 주문하시면, 주문하신 상품을 귀국편 비행기에서 품절의 우려 없이 먼저 전달 받으실 수 있습니다.
사전주문을 원하시는 분은 앞좌석 주머니 속에 있는 '귀국편 예약주문서'를 작성하신 후, 저희 승무원에게 말씀해주시기 바랍니다.

Ladies and gentlemen,
Korean Air offers sky shopping service.

If you would like to pre-order any duty free items for your return flight, please contact one of our cabin crew members.

5. 입국서류 작성안내

5-1 ENTRY DOCUMENTS : U.S.A
입국서류 배포 시

손님 여러분, 지금부터 미국 입국에 필요한 서류를 나눠드리겠습니다.
미국비자를 갖고 계신 분은 입국카드와 세관신고서를, 전자여행허가 승인을 받으신 분은 세관신고서만 작성하시기 바랍니다.
모든 입국서류는 영어 대문자로 작성해야 하며, 입국카드는 개인 당 1장, 세관신고서는 가족 당 1장만 적으시면 됩니다.
미화 만불 이상, 또는 이에 해당하는 외국 화폐를 갖고 계시거나 식품류, 농 · 수 · 축산물을 갖고 계신 분은 세관에 신고해 주십시오.
궁금한 점이 있으신 분은 기내지 '모닝 캄'을 참고하시거나 저희 승무원에게 문의하시기 바랍니다.

Ladies and gentlemen,
Our cabin crew will be handing out entry documents for the United States.
Today's date is(MONTH/DATE) and this is Korean Air flight ___.
Please notify our cabin crew if you need any information or assistance.

5-2 ENTRY DOCUMENTS : GUAM
입국서류 배포 시

손님 여러분, 지금부터 괌 입국에 필요한 서류를 나눠 드리겠습니다.
미국비자를 갖고 계시거나 전자여행허가 승인을 받으신 분은 세관신고서만 작성하시고, 미국비자도 없고 전자여행허가 승인도 받지 않으신 분은 입국카드와 I-736(아이다시칠삼육), 세관신고서를 함께 작성해 주십시오.

입국카드는 개인 당 1장, 세관신고서는 가족 당 1장씩 작성하시면 됩니다.
모든 서류는 반드시 영어 대문자로 작성하시고, 괌 주소란에는 체류 호텔명을 적으시기 바랍니다.
또한, 식품류와 농·수·축산물을 갖고 계신 분은 반드시 신고하시기 바랍니다.
참고로, 우리 비행기의 괌 도착 날짜는 ___년 ___월 ___일, 편명은 KE___편입니다.
좌석 앞주머니 속의 모닝 캄, '괌 입국서류 작성 예'를 참고하시기 바라며, 도움이 필요하신 분은 저희 승무원에게 문의하시기 바랍니다. 감사합니다.

Ladies and gentlemen,
Our cabin crew will be handing out entry documents for GUAM.
Today's date is(MONTH/DATE) and this is Korean Air flight ___.
Please notify our cabin crew if you need any information or assistance.

6. 비행 중 기체요동 시

6-1 TURBULENCE : 1차 9-6-1

기체요동 시

손님 여러분,
A. 비행기가 흔들리고 있습니다.
B. 기류가 불안정합니다.
좌석벨트를 매 주시기 바랍니다.

Ladies and gentlemen,
We are experiencing turbulence.
Please return to your seat and fasten your seatbelt.

6-2 TURBULENCE : 2차

좌석벨트 표시등이 켜진 채, 장시간 흔들릴 경우

손님 여러분, 비행기가 계속해서 흔들리고 있습니다.

좌석벨트를 매셨는지 다시 한 번 확인해 주시고, 화장실 사용은 삼가시기 바랍니다.

Ladies and gentlemen,
We are continuing to experience turbulence.
For your safety, please remain seated with your seatbelt fastened.

좌석벨트 표시등이 켜져 있으나 흔들리지 않는 경우 : 기장과 연락 후

안내말씀 드리겠습니다.
기장의 연락에 따르면 약 ___분 후에 기류가 불안정한 지역을 벗어날 예정이라고 합니다.
좌석벨트 표시등이 꺼질 때까지 자리에서 일어나지 마시고 잠시만 기다려 주시기 바랍니다.

Ladies and gentlemen,
The captain would like to inform you that we may still encounter some turbulence.
Please remain seated with your seatbelt fastened until the seatbelt sign has been turned off.

7. 도착 전 식사서비스

7-1 BEGINNING OF THE 2ND MEAL SVC

도착 전 식사서비스가 있는 경우
EY / CL만 실시

[KE]

손님 여러분,(편히 쉬셨습니까)
우리 비행기는 앞으로 약 ___시간 ___분 후에(공항 명)에 도착하겠습니다.
지금부터 음료와 간단한 식사(/아침식사)를 드리겠습니다.

(Good morning) Ladies and gentlemen,
We expect to land at __airport in about __hour(s) and __ minute(s).
Our cabin crew will be serving drinks and a light snack(/breakfast) in a few minutes.

[OZ]

손님 여러분,
편안한 시간 되셨습니까?
잠시 후 손님 여러분께 아침식사를 제공해 드리겠습니다.
계속해서 편안하고 즐거운 시간이 되시기 바랍니다.
참고로, 저희 비행기는 _______후, 목적지 _____________공항에 도착하겠습니다.
감사합니다.

Ladies and gentlemen,
We hop you've enjoyed your rest.
In a few minutes, we'll be serving you lunch.
We have _____hours and _____minutes remaining until our arrival in ______.
Thank you.

착륙준비 및 착륙 후 방송

1. 헤드폰 및 잡지회수 안내

1-1 ARRIVAL INFORMATION : GENERAL

중 · 장거리 : Capt's 도착 안내방송 직후
단거리 : 도착 20분 전

[KE]

안내말씀 드리겠습니다.

중 · 장거리 노선
지금부터 헤드폰과 잡지를 걷겠습니다.

입국서류가 있는 노선 (또한) (___에 입국하시는) 손님
여러분께서는 입국에 필요한 서류를 다 쓰셨는지 확인해 주시기 바랍니다.

또한 (국가 명)에서 생산된 농 · 수 · 축산물은 한국으로의 반입이 엄격히 제한되어 있음을 알려드립니다. 손님 여러분의 협조를 부탁드립니다.

Ladies and gentlemen,

중 · 장거리 노선
We will now collect headphones and magazines.

입국서류가 있는 노선
To enter(국가 명), *please have your entry documents ready.*

We would like to inform you that bringing any agricultural, animal or marine products into Korea is strictly prohibited.
Thank you for your cooperation.

[OZ]

손님 여러분,
즐거운 시간 보내셨습니까?
착륙준비를 위해, 사용하시던 헤드폰을 회수하겠으니, 협조해 주시기 바랍니다. 감사합니다.

Ladies and gentlemen,
We hope you have enjoyed our entertainment program.
We are approaching to the airport.
Our flight attendants will collect you headphone shortly.
Your cooperation is much appreciated. Thank you.

2. 도착지 정보안내

2-1 ARRIVAL INFORMATION : KOREA 10-2-1

중 · 장거리 : Capt's 도착 안내방송 직후
단거리 : 도착 20분 전

안내말씀 드리겠습니다.

중 · 장거리 노선
지금부터 헤드폰과 잡지를 걷겠습니다.

대한민국에 입국하시는 손님 여러분께서는 입국에 필요한 휴대품 신고서를 다 쓰셨는지 확인해 주십시오.
그리고 미화 만불 이상, 또는 이에 해당하는 외화를 지니셨거나 / 미화 400불 이상의 물품을 구입하신 분은 그 내용을 휴대품 신고서에 반드시 신고해 주시기 바랍니다.
여행자 휴대품은 세금 사후 납부제도를 이용하실 수 있으며, 신고대상 품목을 자진 신고하지 않은 경우 가산세가 부과됨을 알려드립니다.

검역관련
또한 조류독감, 구제역 등 해외 전염병의 국내 유입을 방지하기 위해 / 해외에서 가축농장을 방문하셨거나 해외에서 생산된 농수축산물을 가져오신 분은 검역기관에 신고해 주시기 바라며, 축산관계인은 검역기관에 신고 후 소독 등 필요한 조치를 받아주시기 바랍니다.

필요한 경우
참고로 이곳은 현재 ___월 ___일이며, 이 비행기는 KE___편입니다.

Ladies and gentlemen,

중 · 장거리 노선
We will now collect headphones and magazines.

To enter Korea please have your entry documents ready.
If you are carrying more than the equivalent of 10,000 US dollars, or if you have acquired more than 400 US dollars worth of articles abroad, you must declare them on the customs form.

검역 관련

Also, in order to prevent the spread of infectious diseases such as avian influenza and foot and mouth disease, you must inform the quarantine center if you have visited at a livestock farm or are bringing agricultural, animal or marine products into Korea.
If you work in the livestock industry, please visit the quarantine center to undergo disinfection procedures.

필요한 경우

For your information, our flight number is KE___ and today's date is ___.(ex : March 15, 2015)

2-2 ARRIVAL INFORMATION : U.S.A / GUAM 10-2-2

중 · 장거리 : Capt's 도착 안내방송 직후
단거리 : 도착 20분 전 INFORM

안내말씀 드리겠습니다.
지금부터 헤드폰과 잡지를 걷겠습니다.
그리고 미국(/괌)에 입국하시는 손님 여러분께서는 입국서류를 작성하셨는지 확인해 주십시오.

필요한 경우

참고로 이곳은 현재 ___월 ___일이며, 이 비행기는 KE___편입니다.

도움이 필요하시면 저희 승무원에게 말씀해 주십시오.
정성껏 도와 드리겠습니다.

Ladies and gentlemen,
We will now collect headphones and magazines.

To enter the United States(/Guam), please have your entry documents ready.

필요한 경우

For your information, our flight number is KE___ and today's date is ___.(ex : March 15, 2015)

If you need any assistance, please ask our cabin crew.
Thank you.

2-3 ARRIVAL INFORMATION : CHINA 10-2-3

중 · 장거리 : Capt's 도착 안내방송 직후
단거리 : 도착 20분 전

안내말씀 드리겠습니다.

헤드폰 제공 시

지금부터 헤드폰과 잡지를 걷겠습니다.

손님 여러분께서는 입국카드를 준비하시고, 영문 기재란에 영어로 적어 주십시오.
인민폐 20,000위안 이상 또는 미화 5천불 이상이나 여기에 해당하는 외국 화폐를 갖고 계신 분은 세관에 반드시 신고해 주십시오.
그리고 일정을 마치고 출국하실 때는 중국공항 규정에 따라 라이터와 성냥, 그리고 주류를 포함한 액체물품은 기내로 갖고 들어오실 수 없으니 유의하시기 바랍니다.
주류를 포함한 액체물품은 탑승수속을 할 때 수하물로 부치시기 바랍니다.
또한, 중국에서 생산된 농 · 수 · 축산물은 한국으로의 반입이 엄격히 제한되어 있음을 알려드립니다.

필요한 경우

참고로 이곳은 현재 ___월 ___일이며, 이 비행기는 KE___편입니다.

Ladies and gentlemen,

헤드폰 제공 시

We will now collect headphones and magazines.

To enter China, please have your entry documents ready.
If you are carrying more than 20,000 Chinese Yuan or more than the equivalent of 5,000 US dollars, you must declare them on the customs form.
Also, you are not permitted to bring back any type of lighters, matches, or liquids including alcoholic beverages in to the cabin when you leave China.

필요한 경우

For your information, our flight number is KE___ and today's date is ___.(ex : March 15, 2015)

2-4 ARRIVAL INFORMATION : SINGAPORE

중 · 장거리 : Capt's 도착 안내방송 직후
단거리 : 도착 20분 전

안내말씀 드리겠습니다.
지금부터 헤드폰과 잡지를 걷겠습니다.
싱가포르에서 내리시는 손님 여러분께서는 입국에 필요한 서류를 다 쓰셨는지 확인해 주십시오.
그리고 껌과 담배 관련 제품을 가지고 계신 분은 세관에 신고하시기 바랍니다.
또한 싱가포르에서 생산된 농 · 수 · 축산물은 한국으로의 반입이 엄격히 제한되어 있음을 알려드립니다.

필요한 경우
참고로 이곳은 현재 ___월 ___일이며, 이 비행기는 KE ___편입니다.

Ladies and gentlemen,
We will now collect headphones and magazines.
To enter Singapore, all passengers are required to fill out an arrival card.
Smoking is permitted only in specially marked areas of the terminal, and all tobacco products must be declared on arrival.
Please note that passengers are not permitted to bring chewing gum into Singapore.

필요한 경우
For your information, our flight number is KE___ and today's date is ___.(ex : March 15, 2015)

2-5 ARRIVAL INFORMATION : MALAYSIA

중 · 장거리 : Capt's 도착 안내방송 직후
단거리 : 도착 20분 전

안내말씀 드리겠습니다.
지금부터 헤드폰과 잡지를 걷겠습니다.
이곳 말레이시아에서는 부정 의약품 및 성인용 잡지의 반입이 엄격히 금지되어 있으니 유의하시기 바랍니다.
또한 말레이시아에서 생산된 농 · 수 · 축산물은 한국으로의 반입이 엄격히 제한되어 있음을 알려드립니다.

필요한 경우
참고로 이곳은 현재 ___월 ___일이며, 이 비행기는 KE___편입니다.

Ladies and gentlemen,
We will now collect headphones and magazines.
We would like to inform you that Malaysia enforces very strict laws against drug trafficking for which a conviction may result in capital punishment.

필요한 경우
For your information, our flight number is KE___ and today's date is ___.(ex : March 15, 2015)

2-6 ARRIVAL INFORMATION : RUSSIA

중 · 장거리 : Capt's 도착 안내방송 직후
단거리 : 도착 20분 전

안내말씀 드리겠습니다.

헤드폰 제공 시
지금부터 헤드폰과 잡지를 걷겠습니다.

손님 여러분께서는 입국에 필요한 서류를 다 쓰셨는지 확인해 주십시오.
미화 만불 이상의 외국 화폐를 갖고 계신 분은 그 금액을 세관신고서에 신고해 주십시오.
일정을 마치고 출국하실 때에는 신고한 금액 범위 내에서 반출이 가능함을 알려드립니다.
또한, 러시아에 계시는 동안에는 여권과 체류 등록서류를 항상 갖고 다니셔야 합니다.

필요한 경우
참고로 이곳은 현재 ___월 ___일이며, 이 비행기는 KE___편입니다.

Ladies and gentlemen,

필요한 경우
참고로 이곳은 현재 ___월 ___일이며, 이 비행기는 KE___편입니다.

헤드폰 제공 시
We will now collect headphones and magazines.

To enter Russia, all passengers are required to fill out an arrival card.
Be careful to read the customs regulations, as a failure to declare items may result in a fine.
Passengers who are carrying more than the equivalent of 10,000 US dollars must declare this on their customs form.
You should then proceed through the red line and have your customs form stamped by an official.

필요한 경우
For your information, our flight number is KE___ and today's date is ___.(ex : March 15, 2015)

2-7 ARRIVAL INFORMATION : VIETNAM

중 · 장거리 : Capt's 도착 안내방송 직후
단거리 : 도착 20분 전

안내말씀 드리겠습니다.

헤드폰 제공 시
지금부터 헤드폰과 잡지를 걷겠습니다.

베트남에 입국하시는 손님 여러분 중, 미화 5천불 이상의 외국 화폐를 갖고 계신 분은 그 금액을 공항 도착 후 세관에 신고해 주십시오.
일정을 마치고 출국하실 때에는 신고한 금액 범위 내에서 반출이 가능함을 알려드립니다.
또한 베트남에서 생산된 농·수·축산물은 한국으로의 반입이 엄격히 제한되어 있음을 알려드립니다.

필요한 경우
참고로 이곳은 현재 월 ___일이며, 이 비행기는 KF___편입니다.

Ladies and gentlemen,

헤드폰 제공 시
We will now collect headphones and magazines.

To enter Vietnam, all passengers are required to complete an arrival card.
Passengers carrying more than the equivalent of 5,000 US dollars must declare this at Customs office at the airport.
You may not leave Vietnam with an amount of money greater than declared on arrival.
Failure to declare may result in a fine.

필요한 경우
For your information, our flight number is KE___ and today's date is ___.(ex : March 15, 2015)

2-8 ARRIVAL INFORMATION : EGYPT

중 · 장거리 : Capt's 도착 안내방송 직후
단거리 : 도착 20분 전

안내말씀 드리겠습니다.

지금부터 헤드폰과 잡지를 걷겠습니다.
손님 여러분께서는 입국에 필요한 서류를 다 쓰셨는지 확인해 주십시오.
이집트에 입국하거나 출국하실 때, 다른 나라의 화폐는 무방하나 이집트화는 5,000파운드 이상 지닐 수 없도록 규정되어 있고, 그 이상 갖고 계실 경우 압수될 수도 있으니 유의하시기 바랍니다.

필요한 경우
참고로 이곳은 현재 ___월 ___일이며, 이 비행기는 KE___편입니다.

Ladies and gentlemen, we will now collect headphones and magazines.
To enter Egypt, all passengers are required to fill out an entry card.
We recommend you complete this document before you leave the airplane.
Please note that when entering or leaving Egypt, it is prohibited to carry more than 5,000 Egyptian pounds.
Any excess amount will be confiscated.

필요한 경우
For your information, our flight number is KE___ and today's date is ___.(ex : March 15, 2015)

2-9 ARRIVAL INFORMATION : JAPAN

중 · 장거리 : Capt's 도착 안내방송 직후
단거리 : 도착 20분 전

안내말씀 드리겠습니다.

헤드폰 제공 시
지금부터 헤드폰과 잡지를 걷겠습니다.

일본에 입국하시는 손님 여러분께서는 입국카드와 세관신고서를 준비해 주시기 바랍니다.
입국카드는 개인 당 1장, 세관신고서는 가족 당 1장만 적어주시기 바랍니다.
또한, 일본에서 생산된 농·수·축산물은 한국으로의 반입이 엄격히 제한되어 있음을 알려드립니다.

필요한 경우
참고로 이곳은 현재 ___월 ___일이며, 이 비행기는 KE___편입니다.

Ladies and gentlemen,

헤드폰 제공 시
We will now collect headphones and magazines.

To enter Japan, all passengers are required to fill out an arrival card and a customs form.
Only one customs form is required per family.
We recommend you complete these documents before you leave the airplane.

필요한 경우
For your information, our flight number is KE___ and today's date is ___.(ex : March 15, 2015)

2-10 ARRIVAL INFORMATION : TAIWAN

중 · 장거리 : Capt's 도착 안내방송 직후
단거리 : 도착 20분 전 안내말씀 드리겠습니다.

헤드폰 제공 시
지금부터 헤드폰과 잡지를 걷겠습니다.

손님 여러분께서는 입국에 필요한 서류를 다 쓰셨는지 확인해 주십시오.
그리고, 대만정부에서는 외국산 생 동·식물 및 과일제품의 반입을 엄격히 규제하고 있습니다.
이와 같은 물품을 갖고 계신 손님께서는 반드시 신고서에 적어 주십시오.
신고하지 않은 물품에 대해서는 벌금이 부과될 수 있으니 유의하시기 바랍니다.

필요한 경우
참고로 이곳은 현재 ___월 ___일이며, 이 비행기는 KE___편입니다.

Ladies and gentlemen,

헤드폰 제공 시
We will now collect headphones and magazines.

To enter Taiwan, please have your entry documents ready.
According to the regulations of the government, passengers carrying animals, plants, or fruits must declare them on the customs form.
If you do not declare these items, you will be fined by local authorities.

필요한 경우
For your information, our flight number is KE___ and today's date is ___.(ex : March 15, 2015)

2-11 ARRIVAL INFORMATION : GERMANY

중 · 장거리 : Capt's 도착 안내방송 직후
단거리 : 도착 20분 전

안내말씀 드리겠습니다.
지금부터 헤드폰과 잡지를 걷겠습니다.

또한 독일에 입국하는 한국 여권 소지자 중 여권 내 소지인 서명란에 서명을 하지 않아, 입국이 지연되거나, 도난 여권으로 의심받는 사례가 발생하고 있습니다.
한국 여권을 소지하신 손님께서는 여권 내에 서명을 하셨는지 다시 한 번 확인하시기 바랍니다.
궁금한 사항이 있는 분께서는 저희 승무원에게 문의해 주십시오.
감사합니다.

Ladies and gentlemen,
we will now collect headphones and magazines.
Thank you for your cooperation.

2-12 ARRIVAL INFORMATION : NEPAL

중 · 장거리 : Capt's 도착 안내방송 직후
단거리 : 도착 20분 전

안내말씀 드리겠습니다.
지금부터 헤드폰과 잡지를 걷겠습니다.
손님 여러분께서는 입국에 필요한 서류를 다 쓰셨는지 확인해 주시기 바랍니다.
그리고 미화 5천불 이상, 또는 이에 해당하는 외화를 갖고 계신 분은 세관신고서에 반드시 신고해 주시기 바랍니다.

필요한 경우
참고로 이곳은 현재 ___월 ___일이며, 이 비행기는 KE___편입니다.

Ladies and gentlemen,
we will now collect headphones and magazines.
To enter Nepal, please have your entry documents ready.
If you are carrying foreign currency more than 5,000 US dollars, please declare them on the customs form.

필요한 경우

For your information, our flight number is KE___ and today's date is ___.(ex : March 15, 2015)

2-13 ARRIVAL INFORMATION : UZBEKISTAN

중 · 장거리 : Capt's 도착 안내방송 직후
단거리 : 도착 20분 전

안내말씀 드리겠습니다.
지금부터 헤드폰과 잡지를 걷겠습니다.
우즈베키스탄에 입국하시는 손님 여러분께서는 입국에 필요한 서류를 다 쓰셨는지 확인해 주시기 바랍니다.
우즈베키스탄에서 3일 이상 체류하시는 손님께서는 반드시 거주등록을 해야 하며, 입국하실 때 신고하신 외환금액 범위에서 출국 시 반출 가능하니 유의하시기 바랍니다.

필요한 경우

참고로 이곳은 현재 ___월 ___일이며, 이 비행기는 KE___편입니다.

Ladies and gentlemen, we will now collect headphones and magazines.
To enter Uzbekistan, please have your entry documents ready.
If you plan to stay in Uzbekistan more than three days, you must register your presence in Uzbekistan.
Also, you may not leave Uzbekistan with an amount of money greater than declared on arrival.

필요한 경우

For your information, our flight number is KE___ and today's date is ___.(ex : March 15, 2015)

3. 착륙준비 안내

3-1 IN-FLIGHT SALES : 종료 안내 10-3-1

Approaching Signal 후 기판 종료시점

안내말씀 드리겠습니다.
착륙에 필요한 안전업무 수행을 위해 면세품 판매를 마치겠습니다.
구입을 하지 못하신 분께서는 양해해 주시기 바랍니다.
감사합니다.

Ladies and gentlemen,
We regret to announce that we have to close our duty free sales in preparation for landing.
Your understanding is appreciated.

3-2 STATION REGULATIONS : 여권 또는 탑승권 소지

실시시점 : Farewell Ann.에 이어

계속해서 안내말씀 드리겠습니다.
비행기에서 내리실 때, 현지 출입국 직원이 여권(/탑승권) 검사를 하겠습니다. 여권(/탑승권)을 미리 준비하시기 바랍니다.
감사합니다.

Ladies and gentlemen,
at the request of the local Immigration authorities,
please have your passport(/boarding pass) in hand when you deplane.
Thank you for your cooperation.

3-3 STATION REGULATIONS : 사전 여권검사

사전 통보가 있을 경우 실시
Arrival Information 또는 Farewell 안내방송에 이어

안내말씀 드리겠습니다.
(도시 명)에 도착하면 기내에서 출입국 직원이 여권 검사를 하겠습니다.
손님 여러분께서는 여권을 준비해 주시고, 검사가 끝날 때까지 자리에 앉아 기다려 주시기 바랍니다.
감사합니다.

Ladies and gentlemen,
The immigration authorities at this airport have informed us that their officials will be conducting a brief inspection of passports and other travel documents before deplaning.
All passengers are requested to remain seated and have their passports ready.
Your cooperation will be appreciated.

3-4 STATION REGULATIONS : RAMADAN in ISLAMIC COUNTRIES

실시시점 : Arrival Information 안내방송에 이어
실시기간 및 노선 : 별도 공지

안내말씀 드리겠습니다.
지금은 라마단 기간입니다.
___월 ___일부터 ___월 ___일까지는 해가 떠 있는 동안 공항의 입국장을 포함한 모든 공공장소에서의 취식과 흡연을 금지하고 있습니다.
유의하시기 바랍니다.

Ladies and gentlemen,
The period of RAMADAN is observed from(month, date) to (month, date).
For your information, passengers are not permitted to smoke, eat or

drink in the terminal building and other public areas during daylight hours.
Thank you.

4. 검역안내

4-1 STATION REGULATIONS : SPRAYING INSECTICIDE

실시시점 : Arrival Information 안내방송에 이어

안내말씀 드리겠습니다.
이곳에서는 입국하는 모든 비행기 내에 공항 도착 전 방충제를 뿌리도록 법으로 정하고 있습니다.
지금부터 승무원이 방충제를 뿌리겠습니다.
사용될 방충제는 세계보건기구에서 승인한 안전한 약품이니 안심하시기 바랍니다.
감사합니다.

Ladies and gentlemen,
To meet local quarantine regulations, the cabin will be sprayed with a non-toxic mist approved by the World Health Organization.
This procedure is to protect against any harmful insects.
Please remain seated while the cabin is sprayed.
Thank you for your understanding.

4-2 STATION REGULATIONS : ANIMALS AND PLANTS QUARANTINE

실시 노선 : 뉴질랜드, 호주 도착편
실시 노선 : 한국 도착편(별도의 공지시)
실시시점 : Arrival Information 안내방송에 이어

안내말씀 드리겠습니다.
(국가 명)에서는 동물, 식물, 그리고 식품류를 포함한 모든 농·수·축산물의 반입을 엄격히

규제하고 있습니다.
이와 같은 물품을 갖고 계신 손님께서는 반드시 신고서에 적어 주십시오. 신고하지 않은 물품에 대해서는 벌금이 부과될 수 있으니 유의하시기 바랍니다.
감사합니다.

Ladies and gentlemen,
Due to strict quarantine regulations, passengers carrying agricultural products such as meats, plants, or fruits must declare them on their customs form.
If you do not declare these items, you will be fined by local authorities.
Thank you.

5. 환승안내

5-1 TRANSIT PROCEDURE 10–5–1

Arrival Information 안내방송에 이어
심야 FLT 시 객실사무장 판단 하에 Farewell 방송에 이어

계속해서 이 비행기로 (도시 명)까지 가시는 손님 여러분께 안내 말씀 드리겠습니다.
(공항 명)에 도착하면 모든 짐을 갖고 내리시고 탑승권도 잊지 마시기 바랍니다.
내리신 후에는

NRT, MXP
저희 지상직원의 안내에 따라 통과카드를 받으신 다음, 공항 대기장소에서 잠시 기다려 주십시오.

이 비행기의 다음 출발 시각은 ___시 ___분이며, 탑승시각은 공항에서 알려드리겠습니다.
감사합니다.

Ladies and gentlemen,
Passengers continuing on to ___ with us should take all your belongings with you including your boarding pass when you leave the airplane.
After leaving the aircraft,

NRT, MXP
collect a transit card, and then proceed to the transit area.

Our scheduled departure time is ___.(am/pm)
We will start re-boarding in about ___minutes.
Please listen for a boarding announcement in the transit area.
Thank you.

5-2 TRANSIT PROCEDURE : VIE, AMS

Arrival Information 안내방송에 이어
심야 FLT 시 객실사무장 판단 하에 Farewell 방송에 이어

계속해서 이 비행기로 (도시 명)까지 가시는 손님 여러분께 안내 말씀 드리겠습니다.
(공항 명)에 도착하면 모든 짐을 갖고 내리시고 탑승권도 잊지 마시기 바랍니다.
내리신 후에는 저희 지상직원의 안내에 따라 통과카드를 받으신 다음, 공항 대기장소에서 잠시 기다려 주십시오.
대기장소 밖으로 나가셨다가 재 입장하시는 경우에는, 다시 보안 검색을 받으셔야 하며 액체류 반입에도 제한을 받게 됩니다.
이 점 유의하시기 바랍니다.
이 비행기의 다음 출발시각은 ___시 ___분이며, 탑승시각은 공항에서 알려드리겠습니다.
감사합니다.

Ladies and gentlemen,
Passengers continuing on to ___ with us should collect a transit card

after leaving the airplane, and then proceed to the transit area.
For security reasons you must take all your belongings with you.
Passengers who go farther than the transit area are required to go through a security check when they re-enter the transit area.
In addition, they must comply with on board regulations regarding liquid and gel items.
Our scheduled departure time for ___ is ___(am/pm).
We will start re-boarding in about ___ minutes.
Please listen for a boarding announcement in the transit area. Thank you.

6. 환승게이트 안내

6-1 TRANSIT GATE INFORMATION 10-6-1

- Approaching Signal 후
- KE연결편 전편 및 SKYTEAM항공사 및 CODESHARE항공사 연결편
- 실시기준 : 도착 1시간 전 ACARS를 활용하여 환승객 전원에게 기내방송과 개별안내를 병행하여 정보 제공
  - 외국인 환승객이 5명 이상인 연결편은 기내방송
  - 외국인 환승객이 5명 미만인 연결편은 개별안내
  - 한국어 방송은 편별 구별 없이 전체 환승객 중 한국인 환승객이 5명 이상일 경우에만 실시하고, 5명 미만일 경우에는 개별 안내

안내말씀 드리겠습니다.
인천공항에 도착 후 여러분께서 내리실 Gate는 ___번입니다.
계속해서 연결편으로 여행하시는 손님 여러분께 출발 탑승구를 안내해 드리겠습니다.
(도시 명)행 대한항공 ___편은 ___번 탑승구,
(도시 명)행 ___편은 ___번,
(도시 명)행 ___항공 ___편은 ___번,
그리고, (도시 명)행 ___항공 ___편은 ___번 탑승구에서 출발할 예정입니다.
문의사항이 있는 분께서는 저희 승무원에게 말씀해 주십시오.

Ladies and gentlemen,
We will be arriving at gate number ___ in Incheon international airport.
Also, we will now provide connecting gate information.
Korean Air flight(편명) *to*(목적지), *gate ___,*
(편명) *to*(목적지), *gate ___,*
(항공사) *flight*(편명) *to*(목적지), *gate ___,*
and(항공사) *flight*(편명) *to*(목적지), *gate ___.*
For further information, please contact one of our crew.

7. APPROACHING 안내

7-1 APPROACHING 10-7-1

Approaching Signal 후

손님 여러분, 우리 비행기는 약 ___분 후에 (공항 명)에 도착하겠습니다.
꺼내놓은 짐들은 앞좌석 아래나 선반 속에 다시 보관해 주십시오.

국내출발 국제선 전 편
아울러, 귀국편 사전주문서 작성을 마치신 손님께서는 저희 승무원에게 전달해 주시기 바랍니다.

Ladies and gentlemen,
we are approaching ________airport.
At this time, we ask you to please store your carry-on items in the overhead bins or under the seat in front of you.
Thank you for your cooperation.

8. 착륙안내

8-1 LANDING 10-8-1

Landing Signal 후

[KE]

손님 여러분, 우리 비행기는 곧 착륙하겠습니다.
좌석 등받이와(발 받침대) 테이블을 제자리로 해 주시고, 좌석벨트를 매 주십시오.
또한 비행기가 완전히 멈춘 후 좌석벨트 표시등이 꺼질 때까지 전자기기의 전원을 꺼 주시기 바랍니다. 감사합니다.

Ladies and gentlemen,
We will be landing shortly.
Please fasten your seatbelt, return your seat and tray table to the upright position.
Also please discontinue the use of electronic devices until the captain has turned off the seatbelt sign. Thank you.

[OZ]

손님 여러분,
저희 비행기는 곧 착륙하겠습니다.
좌석벨트를 매셨는지 다시 한 번 확인해 주십시오.
좌석 등받이와 테이블도 제 위치에 있는지 확인하시기 바랍니다.

30분 이상 지연

________관계로 도착이 예정시간보다 늦어진 점 양해해 주시기 바랍니다.

감사합니다.

Ladies and gentlemen,
We're now making our final approaching into ______________.
Please make sure that your seat belt is fastened.
Also recheck that your seat back is in the(locked) upright position and your tray table is closes.
Thank you.

9. 착륙 후 안내

9-1 FAREWELL : GENERAL 10-9-1

착륙 후 Engine Reverse 종료시점

[KE]

손님 여러분,
우리 비행기는 (공항 명)에 도착했습니다.

도시특성 문안이 있는 경우 : GMP, ICN 제외]
(도시특성 문안)에 오신 것을 환영합니다.

30분 이상 지연 / 기상, 천재지변 등 당사 귀책사유가 아닌 경우
※ 관계로 도착이 예정보다 늦어졌습니다.
지금 이 곳은 ___월 ___일 오전(/오후) ___시 ___분입니다.

여러분의 안전을 위해, 비행기가 완전히 멈춘 후 좌석벨트 표시등이 꺼질 때까지 자리에서 기다려 주시기 바라며, 그동안 휴대전화의 전원은 꺼 두시기 바랍니다.
선반을 여실 때는 안에 있는 물건이 떨어질 수 있으니 조심해 주시고, 내리실 때는 잊으신 물건이 없는지 다시 한 번 확인해 주시기 바랍니다.
오늘도 스카이팀 회원사인 저희 대한항공을 이용해 주셔서 대단히 감사합니다.

저희 승무원들은, 앞으로도 손님 여러분께서 안전하고 편안하게 여행하실 수 있도록 최선을 다하겠습니다.
감사합니다. 안녕히 가십시오.

Ladies and gentlemen,
We have landed at(공항 명) *(international) airport.*
[30분 이상 지연/기상, 천재지변 등 당사 귀책사유가 아닌 경우]
Today we were delayed due to ※.
The local time is now(___ : ___) a.m./p.m.,(month)(date).
For your safety, please remain seated with your mobile phones switched off until the captain has turned off the seatbelt sign. Also, please be careful when opening the overhead bins as the contents may fall out. Please remember to take all of your belongings with you when you leave the airplane.
Thank you for choosing Korean Air, a member of the SkyTeam alliance and we hope to see you again soon on your next flight.
감사합니다. 안녕히 가십시오.

※ DELAY시 참고 예문(당사 귀책사유가 아닌 경우)

1. 날씨가 좋지 않은(bad weather)
2. 기상조건(weather conditions)
3. ___공항에 짙은 안개가 낀(dense fog at ___airport)
4. 공항 관제탑의 이륙허가를 기다리는(take-off clearance from the control tower)
5. 우리 앞에 이·착륙 비행기가 많아 차례를 기다린(traffic congestion)
6. 활주로의 제설작업(snow being removed from the runway)
7. 심한 맞바람이 부는(strong headwinds)
8. 공항이 혼잡한(the congestion of ___ airport)

[OZ]

'미~파' 톤으로 아쉬움과 감사의 마음이 진심으로 느껴지도록 천천히

손님 여러분,(도시별 특성문구) _______공항에 도 : 착 했습니다.
이곳의 현 : 재 시각은 ____월 ____일 ____요일 오 : 전(오 : 후) ____시 ____분입니다.

당사 귀책 지연

______인해 도 : 착이 지연돼 : (대 : 단히) 죄 : 송합니다.(다시 한 번 양해의 말 : 씀을 드립니다.)

당사 귀책 아닌 지연

_____인해 도 : 착이 지연됐습니다.(다시 한 번 양해의 말 : 씀을 드립니다.)

비행기가 완전히 멈춘 후, 선반을 여 : 실 때는 안에 있는 물건이 떨이지지 않게 주 : 의해 : 주시기 바랍니다.(오늘)
스타얼라이언스-아시아나 항 : 공을 이 : 용해 : 주신 손님 여러분께 진심으로 감 : 사드리며,[택 1]

앞으로도 설레는 마음과 밝은 미소로 모 : 시겠습니다.
앞으로 가족처럼 귀 : 하게 모 : 시겠습니다.
앞으로도 밝은 미소로 귀 : 하게 모 : 시겠습니다.
앞으로도 설레는 마음으로 귀 : 하게 모 : 시겠습니다.
여러분과의 새로운 만남을 또 다른 설렘으로 기다리겠습니다.

늘 여러분과 함께 하겠습니다.
안녕히 가십시오.

Ladies and gentlemen, welcome to ____airport.
The time hee in ___is___(am/pm) on(day/month/date).
[Delay : We are sorry for the delay because of _____.]
When opening the overhead bins, be careful of bags that may fall out.
Thank you for flying Asiana Airlines, a member of the Star Alliance

network.
We hope to see you again soon.

9-2 FAREWELL : IRRE 발생 시

착륙 후 Engine Reverse 종료시점

손님 여러분,
우리 비행기는 (공항 명)에 도착했습니다.

TURBULENCE가 심했을 경우
오시는 동안 (심한)기류변화로 비행기가 많이 흔들렸던 점, 양해해 주시기 바랍니다.

DIVERT후 최종 목적지 도착
예기치 못한 ※로(사정으로) ___공항에 임시 착륙했고, 이곳 ___에 예정보다 늦게 도착했습니다. 손님 여러분의 안전을 위한 조치였으니 양해해 주시기 바랍니다.
지금 이곳은 ___월 ___일 오전(/오후) ___시 ___분입니다.

여러분의 안전을 위해, 비행기가 완전히 멈춘 후 좌석벨트 표시등이 꺼질 때까지 자리에서 기다려 주시기 바라며, 그동안 휴대전화의 전원은 꺼두시기 바랍니다.
선반을 여실 때는 안에 있는 물건이 떨어질 수 있으니 조심해 주시고, 내리실 때는 잊으신 물건이 없는지 다시 한 번 확인해 주시기 바랍니다.
언제나 스카이팀 회원사인 대한항공을 아껴주시는 손님 여러분, 감사합니다.
저희 승무원들은, 앞으로도 손님 여러분께서 안전하고 편안하게 여행하실 수 있도록 최선을 다하겠습니다.
감사합니다. 안녕히 가십시오.

Ladies and gentlemen,
We have landed at(공항 명) *(international) airport.*
[Severe turbulence]

We appreciate your understanding for any inconvenience caused by sudden turbulence experienced during the flight.
[Arrival at the final destination after divert] Due to ※, we had to divert to airport.
We regret the delay in our arrival and hope for your kind understanding.
The local time is now(___ : ___) a.m./p.m.,(month) (date).
For your safety, please remain seated until the captain has turned off the seatbelt sign. Also, please be careful when opening the overhead bins as the contents may fall out.
Please remember to take all of your belongings with you when you leave the airplane.
Thank you for choosing Korean Air, a member of the SkyTeam alliance and we hope to see you again soon on your next flight.

9-3 FAREWELL : TRANSIT STATION

착륙 후 Engine Reverse 종료시점

손님 여러분,
우리 비행기는 (공항 명)에 도착했습니다.

도시특성 문안이 있는 경우 : GMP, ICN 제외
(도시특성 문안)에 오신 것을 환영합니다.

30분 이상 지연 / 기상, 천재지변 등 당사 귀책사유가 아닌 경우
※ 관계로 도착이 예정보다 늦어졌습니다.
지금 이곳은 ___월 ___일 오전(/오후) ___시 ___분입니다.

여러분의 안전을 위해, 비행기가 완전히 멈춘 후 좌석벨트 표시등이 꺼질 때까지 자리에서 기다려 주시기 바라며, 그동안 휴대전화의 전원은 꺼 두시기 바랍니다.

선반을 여실 때는 안에 있는 물건이 떨어질 수 있으니 조심해 주시고, 내리실 때는 잊으신 물건이 없는지 다시 한 번 확인해 주시기 바랍니다.

하기 승객 있는 경우
이곳에서 내리시는 손님 여러분,
언제나 스카이팀 회원사인 대한항공을 아껴주셔서 감사합니다.

CREW 교대 시
저희 (운항 / 객실)승무원들은 이곳에서(전원) 교대하게 됩니다.
여러분의 마음속에 저희들의 정성이 담겨 있길 바랍니다.

감사합니다 / 안녕히 가십시오.

Ladies and gentlemen,
We have landed at(공항 명)*(international) airport.*

30분 이상 지연 / 기상, 천재지변 등 당사 귀책사유가 아닌 경우
Today we were delayed due to ※.
The local time is now(___ : ___) a.m./p.m.,(month) (date).

For your safety, please remain seated with your mobile phones switched off until the captain has turned off the seatbelt sign.
Also, please be careful when opening the overhead bins as the contents may fall out. Please remember to take all of your belongings with you when you leave the airplane.

하기 승객 있는 경우
Those passengers leaving us here, we would like to thank you for flying with us today/ and we hope to see you again soon.

CREW CHANGE
There will be a crew change here.
We hope you have a pleasant trip to your final destination.

Thank you and good bye.

10. 기내 검역대기

10-1 STATION REGULATIONS : 기내 검역대기

Farewell 방송에 이어

안내말씀 드리겠습니다.
내리시기 전 기내에서 검역 직원에 의한 검역이 있겠습니다.
손님 여러분께서는 잠시 자리에서 기다려 주시기 바랍니다.
감사합니다.

Ladies and gentlemen,
The local Quarantine Authorities will be conducting a brief inspection before deplaning.
All passengers are requested to remain seated/ until the inspection is finished.
Your cooperation will be appreciated.

CLEAR 후
손님 여러분,(오랫동안 기다리셨습니다.)
지금부터 내려 주시기 바랍니다.

Thank you for your patience, ladies and gentlemen,
You may now deplane.

11. 하기시작

11-1 하기시작 안내

Stepcar 연결 시 7-1. Routine Announcements
기타 경우는 필요 시

손님 여러분,(오랫동안 기다리셨습니다.) 지금부터

선택

ⓐ 앞쪽 첫 번째 문을 이용해

ⓑ 앞쪽 두 번째 문을 이용해

ⓒ 앞쪽 첫 번째와 두 번째 문을 이용해

ⓓ 아래층 앞쪽 첫 번째와 두 번째,

그리고 위층 앞쪽 첫 번째 문을 이용해 내려 주시기 바랍니다.

내리실 때는 잊으신 물건이 없는지 다시 한 번 살펴 주십시오.

STEPCAR 이용 시

또한 계단을 내려가실 때는 손잡이를 잡고 천천히 이동하시기 바랍니다.

눈, 비로 인한 주의 필요 시

또한 (눈이 많이 내려/비가 많이 내려/갑작스런 추위로) 계단과 바닥상태가 좋지 않을 수도 있으니, 계단을 내려가실 때는 손잡이를 잡고 천천히 이동하시기 바랍니다.

감사합니다. 안녕히 가십시오.

Thank you for waiting, ladies and gentlemen,

You may now exit the aircraft

선택

ⓐ *by using the front door on the left*

ⓑ *by using the second door from the front on the left*

ⓒ *by using one of the two front doors on the left*

ⓓ by using one of the two front doors on the 1st floor,
and the front door on the 2nd floor on the left.
Please check again that you have your personal belongings with you before you deplane.

STEPCAR 이용 시

We kindly ask you to hold the hand rail when you go down the stairs.

눈, 비로 인한 주의 필요 시

Due to(heavy snowfall/heavy rain/a sudden change to cold weather), we kindly ask you to hold the hand rail when you go down the stairs. Thank you.

12. 국제선 도시별 특성문안의 예

1) 일본

도 시	문 안
AXT	• 아름다운 자연경관과 유서 깊은 문화유적의 도시, 아키타 • 쌀과 술의 고장, 아키타
AOJ	• 자연 환경이 풍부한 혼슈 최북단 도시, 아오모리 • 사과의 도시, 아오모리
CTS	• 풍부한 자연의 도시, 삿포로 • 눈과 축제의 도시, 홋카이도의 관문, 삿포로
FSZ	• 후지산의 도시, 시즈오카 • 후지산과 녹차의 고장, 시즈오카
FUK	• 전통이 살아 숨 쉬는 규슈의 관문, 후쿠오카 • 온천이 유명한 규슈의 핵심 도시, 후쿠오카
HKD	• 세계 3대 야경의 도시, 하코다테 • 일본과 서양 문화가 조화를 이룬 도시, 하코다테

도 시	문 안
HND / NRT	• 일본 정치, 경제, 문화의 중심, 도쿄 • 세계 문화가 공존하는 도시, 도쿄
KIJ	• 설국과 청주의 고장, 니가타 • 쌀의 고장, 니가타
KIX	• 역사와 문화의 도시, 오사카 • 미식의 성지, 오사카
KMQ	• 일본의 전통이 살아있는 정원 도시, 고마쓰 • 일본 알프스의 관문, 고마쓰
KOJ	• 온천과 산해진미의 도시, 가고시마 • 천혜의 자연을 자랑하는 아름다운 항구도시, 가고시마
NGO	• 세계를 선도하는 산업 도시, 나고야 • 일본 중세 역사와 현대 산업의 보고, 나고야
NGS	• 역사와 낭만의 도시, 나가사키 • 일본의 전통과 서구문화가 어우러진 도시, 나가사키
OIT	• 하얀 온천 연기가 온 마을을 감싸는 도시, 오이타 • 일본 최대의 온천 도시, 오이타
OKJ	• 기후가 청명한 정원 도시, 오카야마 • 복숭아와 포도의 고장, 오카야마

2) 중국

도 시	문 안
CAN	• 음식문화의 천국, 광저우 • 중국 최대의 무역도시, 광저우
CGO	• 중원문화의 원류, 허난성 정저우 • 하늘과 땅의 중간 지대, 중국 정저우
CSX	• 역사와 문화의 도시, 창사 • 중국 남북을 연결하는 중요한 상업도시, 창사
DLC	• 낭만과 패션의 도시, 다롄 • 중국 북방의 아름다운 도시, 다롄
HGH	• 역사와 문화, 자연이 어우러진 중국 최고의 관광 도시, 항저우 • 중국의 7대 고도, 저장성의 성도, 항저우
HKG	• 동서양이 조화를 이루는 동양의 진주, 홍콩 • 국제 관광도시, 홍콩

도 시	문 안
KMG	• 사계절 봄의 도시, 쿤밍 • 다양한 소수민족의 문화가 어우러진 봄의 도시, 쿤밍
MDG	• 눈(雪)과 호수(湖)의 도시, 무단장 • 강(江)과 산림(林)의 도시, 무단장
PEK	• 중국 천년의 수도이자 세계적인 역사와 문화의 도시, 베이징 • 세계문화유산의 도시, 베이징
PVG / SHA	• 중국 최대 상업도시, 상하이 • 중국 금융 허브도시, 상하이
SHE	• 중국 동북지역의 관문, 선양 • 중국 동북지역의 중심도시, 선양
SZX	• 활기가 넘치는 중국의 경제 특구, 선전 • 활력이 넘치는 중국의 첨단 도시, 선전
TAO	• 푸른 산, 푸른 바다의 청정 도시, 칭다오 • 청도 맥주의 원산지, 칭다오
TNA	• 산둥성의 성도이자 아름다운 샘물의 도시, 지난 • 유교의 발상지이자 공자의 도시, 지난
TPE	• 화려한 대륙문화와 해상문화가 조화를 이루는 도시, 타이베이 • 오감이 즐거운 도시, 타이베이
TSN	• 중국 북방 경제의 중심, 하늘나루 톈진 • 발해만의 진주, 톈진
TXN	• 천하제일 명산의 도시, 황산 • 기송, 기암, 운해, 온천의 도시, 황산
ULN	• 끝없는 초원과 파란 하늘의 도시, 울란바토르 • 칭기즈 칸의 도시, 울란바토르
WEH	• 한국과 가장 가까운 창업과 휴양의 도시, 웨이하이 • 유네스코가 선정한 청정 도시, 웨이하이
WUH	• 다양한 역사유적을 지닌 중국 내륙 교통의 중심지, 우한 • 삼국지의 주요 무대이자 중국 중원의 대표 도시, 우한
XIY	• 중국의 고대와 현대가 공존하는 도시, 시안 • 중국의 역사와 문명이 숨 쉬는 도시, 시안
XMN	• 아름다운 해변이 있는 남중국 최대의 무역항, 샤먼 • 환경의 도시이자 경제특구, 샤먼
YNJ	• 백두산으로 가는 길목, 옌지 • 중국 북동부의 중심 도시, 옌지

3) 미주

도 시	문 안
ATL	• 미국 남동부 상업과 교통의 중심지, 애틀랜타 • 미국 남동부의 역사가 살아있는 도시, 애틀랜타
DFW	• 미국 중남부 경제 · 교통의 중심지, 댈러스 • 카우보이의 고향, 댈러스
GRU	• 정열과 삼바의 나라, 브라질 상파울루 • 커피와 축구의 나라, 브라질 상파울루
HNL	• 태평양의 낙원 하와이, 호놀룰루 • 신비와 환상의 신혼낙원, 하와이 호놀룰루(신혼여행객 다수 탑승 시)
IAD	• 미국의 수도이자 세계 정치의 중심지, 워싱턴 • 미국 문화가 살아 숨 쉬는 도시, 워싱턴
JFK	• 세계 금융, 예술, 패션의 중심지, 뉴욕 • 허드슨강과 대서양이 만나는 미국 최대의 항구, 뉴욕
LAS	• 세계적인 컨벤션과 화려한 관광도시, 라스베이거스 • 미서부의 정열과 낭만의 도시, 라스베이거스
LAX	• 천사의 도시, 로스앤젤레스 • 캘리포니아의 햇살이 눈부신 미국 서부의 관문, 로스앤젤레스
ORD	• 바람의 도시, 시카고 • 세계적인 건축의 도시, 시카고
SEA	• 미 북서부의 관문이자 아름다운 항구도시, 시애틀 • 커피와 예술, 첨단기술의 도시, 시애틀
SFO	• 자유와 낭만이 넘치는 아름다운 항구도시, 샌프란시스코 • 낭만과 교육의 도시, 샌프란시스코
YVR	• 광활한 대지와 푸른 숲, 자원의 보고, 캐나다 밴쿠버 • 야생의 자연과 현대의 문명이 조화로운 도시, 밴쿠버
YYZ	• 다민족 다문화가 공존하는 도시, 토론토 • 캐나다 경제와 교통의 중심지, 토론토

4) 구주

도 시	문 안
AMS	• 풍차와 튤립이 있는 평화로운 도시, 암스테르담 • 음악과 꽃이 있는 운하의 도시, 암스테르담
CAI	• 오천년 역사와 나일강의 도시, 카이로 • 성지로 가는 길목, 카이로(기독교신도 다수 탑승 시)
CDG	• 예술과 낭만의 향기가 넘치는 문화의 도시, 파리 • 화려한 예술과 낭만의 도시, 파리
DXB	• 아라비아만 연안의 국제 무역항, 두바이 • 중동의 경제 중심지, 두바이
FCO	• 찬란했던 영광이 살아 숨 쉬는 고도, 로마 • 로마제국의 역사가 살아 숨 쉬는 도시, 로마
FRA	• 독일 금융산업의 중심지, 프랑크푸르트 • 라인강에 얽힌 수많은 전설의 도시, 프랑크푸르트
IST	• 동양과 서양의 가교, 터키 이스탄불 • 유럽과 아시아를 잇는 신비의 나라, 터키 이스탄불
LHR	• 오랜 역사와 전통이 살아 숨 쉬는 도시, 런던 • 신사의 나라, 영국 런던
MAD	• 투우와 플라멩코의 정열이 숨 쉬는 스페인, 마드리드 • 태양의 도시, 마드리드
MXP	• 예술과 패션이 공존하는 도시, 밀라노 • 품격 있는 디자인과 세련된 예술의 도시, 밀라노
PRG	• 유럽의 심장이자 백탑의 황금도시, 프라하 • 중세 향기 가득한 낭만의 도시, 프라하
TLV	• 이스라엘의 관문, 텔아비브 • 성지로 가는 길목, 텔아비브(기독교신도 다수 탑승 시)
VIE	• 아름답고 푸른 다뉴브 강이 흐르는, 비엔나 • 합스부르크 왕가의 전통이 내려오는, 비엔나
ZRH	• 산과 호수의 대 파노라마가 펼쳐진, 스위스 취리히 • 알프스 기슭에 위치한 세계의 공원, 스위스 취리히

5) 대양주

도 시	문 안
AKL	• 청명한 자연이 공존하는 상업 도시, 오클랜드 • 뉴질랜드의 관문이자 항해의 도시, 오클랜드
BNE	• 풍요의 땅, 호주 브리즈번 • 아름다운 햇살과 금빛모래, 골드코스트의 도시, 브리즈번
MEL	• 호주의 문화, 예술의 도시, 멜버른 • 호주 속의 유럽, 멜버른
NAN	• 남태평양의 쪽빛 낭만, 난디 • 때 묻지 않은 천연의 관광자원이 풍부한 피지의 관문, 난디
SYD	• 세계적인 미항, 호주 시드니 • 때 묻지 않은 자연 도시, 호주 시드니

6) 동남아

도 시	문 안
BKI	• 황홀한 석양의 섬, 코타키나발루 • 야생의 자연이 그대로 간직된, 코타키나발루
BKK	• 황금빛 천사의 도시, 방콕 • 친절한 미소와 미식의 천국, 방콕
BOM	• 인도 최대의 상업도시, 뭄바이 • 인도 최대의 무역항, 뭄바이
CEB	• 필리핀 역사가 살아 숨 쉬는 도시, 세부 • 에메랄드빛 바다와 남국의 야자수가 어우러진, 세부
CGK	• 고대와 현대가 함께 숨 쉬는 도시, 자카르타 • 섬들의 나라, 미소의 도시, 자카르타
CNX	• 천혜의 골프 휴양지, 치앙마이 • 태국 북부의 문화 중심지, 치앙마이
DPS	• 신비로 가득 찬 환상의 섬, 발리 • 싱싱한 생명력이 넘치는 지상 최고의 낙원, 발리
GUM	• 남국의 정취를 만끽할 수 있는 태평양의 낙원, 괌 • 열대의 아름다운 휴양지, 괌
HAN	• 유네스코 세계자연유산인 하롱베이의 도시, 하노이 • 베트남 북부에 위치한 행정, 문화, 교육의 중심지, 하노이

도 시	문 안
HKT	• 열대의 아름다운 해변 휴양지, 태국 푸껫 • 신비와 환상의 신혼 낙원, 푸껫(신혼여행객 다수 탑승 시)
KTM	• 네팔 고대 미술과 건축물의 중심지, 카트만두 • 유네스코가 지정한 세계문화유산의 도시, 카트만두
KUL	• 고대와 현대가 조화를 이룬 정원 속의 도시, 쿠알라룸푸르 • 빛과 정원의 도시, 쿠알라룸푸르
MNL	• 동양의 스페인, 필리핀 마닐라 • 아름다운 섬들의 천국, 필리핀의 수도, 마닐라
PNH	• 찬란한 크메르 문명이 살아있는 도시, 프놈펜 • 캄보디아의 정치 · 경제 · 문화의 중심지, 프놈펜
REP	• 캄보디아의 상징인 앙코르와트의 도시, 시엠립 • 유네스코 세계문화유산인 앙코르와트의 도시, 시엠립
SGN	• 아오자이의 도시, 호찌민 • 베트남 경제, 문화의 중심지, 호찌민
SIN	• 동서양의 조화가 어우러진 여행자의 낙원, 싱가포르 • 정돈된 열대의 낙원, 싱가포르

7) CIS

도 시	문 안
IKT	• 시베리아의 진주, 이르쿠츠크 • 세계에서 가장 깊고 오래된 바이칼호수의 도시, 이르쿠츠크
SVO	• 중세 역사와 예술을 간직한 황금지붕의 도시, 모스크바 • 크렘린과 붉은 광장의 도시, 모스크바
TAS	• 유라시아를 횡단하는 실크로드의 중심지, 타슈켄트 • 사막 속의 오아시스, 보석과 돌의 나라, 타슈켄트
LED	• 문학과 예술의 도시, 상트페테르부르크 • 물과 빛의 도시, 상트페테르부르크
VVO	• 극동 러시아의 관문, 블라디보스토크 • 러시아 극동의 문화 중심지, 블라디보스토크

기타 방송

1. 오디오 / 비디오 시스템 점검

1-1 오디오 / 비디오 시스템 점검

IFE 시스템 점검을 위한 Power Off

손님 여러분,
현재 기내의 오디오(/비디오) 시스템이 정상적으로 작동되지 않고 있습니다.
프로그램을 다시 설정하기 위해 잠시 전원을 끄겠습니다.
시스템이 재설정되는 동안 손님 여러분께서는 작동을 잠시 멈춰주시기 바랍니다.
약 (___)분 정도 걸릴 예정이며, 시스템이 복구되는 대로 다시 알려드리겠습니다.
손님 여러분의 양해를 바랍니다.

Ladies and gentlemen,
due to some technical difficulties with our in-flight audio(/video) program, we have to reset the system.
It will take about ___minutes. During this time, please refrain from using your handset and touch screen.
We ask for your patience while we resolve this problem.
Thank you for your understanding.

2. 전자기기 사용 안내

2-1 휴대전화 사용제지

승무원의 1차 제지에 불응하는 승객 발생 시

안내말씀 드리겠습니다.
[항공기 출발 전]
지금 휴대용 전화기를 사용하시는 분께서는/ 손님 여러분의 안전을 위해/ 즉시 전원을 꺼주시기 바랍니다.
여러분의 협조에 감사드립니다.

Ladies and gentlemen,
all passengers are kindly requested to turn off all mobile phones now.
Thank you for your cooperation.

3. 기내금연 안내

3-1 기내난동

기내흡연 시

안내말씀 드리겠습니다.
기내에서의 흡연, 특히 화장실 안에서 담배를 피우시는 것은 비행기의 안전을 직접 위협할 수 있으며, 항공안전 및 보안에 관한 법률에 따라 엄격히 금지돼 있습니다.
손님 여러분의 안전하고 쾌적한 여행을 위한 기내금연 규정에 적극적으로 협조해 주시기 바랍니다.
감사합니다.

Ladies and gentlemen,
for safety reasons, aviation law strictly prohibits smoking on the airplane, including in the lavatories.
Thank you for your cooperation.

4. 관제탑 이륙허가 대기

4-1 관제탑 이륙허가 대기

이륙순서 대기 시

손님 여러분,
우리 비행기는 지금

선택

ⓐ 이륙허가를 기다리고 있습니다.
ⓑ 활주로에 뜨고 내리는 비행기가 많아 차례를 기다리고 있습니다.
(관제탑의 연락에 따르면 이륙순서는 ___번째이며)

선택

ⓐ 약 ___분 후에 이륙할 예정입니다.
ⓑ 허가를 받는 대로 곧 이륙하겠습니다.

(1) 기타 사유에 의한 대기 시

손님 여러분,
우리 비행기는 이륙준비가 완료됐지만,

선택

ⓐ 활주로가 혼잡하기 때문에
ⓑ 우리 비행기가 지날(중국) 항로가 혼잡하기 때문에
ⓒ 우리 비행기가 이륙할 활주로가 변경됐으니, 이곳에서 잠시 기다리라는 관제탑의 지시를 받았습니다.

선택

ⓐ 약 ___분 후에 이륙할 예정입니다.
ⓑ 허가를 받는 대로 곧 이륙하겠습니다.

장시간 대기 시

ⓐ 기다리시는 동안 영상물을 상영해드리겠습니다.

ⓑ 기다리시는 동안 음료를 드리겠습니다.

(2) 이륙순서 대기 시

Ladies and gentlemen,

선택

ⓐ *we are waiting for clearance to take-off.*

ⓑ *we are waiting here for our turn to take-off.*

(We are number ___ in line for take-off and)

선택

ⓐ *We expect to depart in about ___ minutes.*

ⓑ *We will depart as soon as we receive clearance.*

ⓑ *We will depart as soon as we receive clearance.*

(3) 기타 사유에 의한 대기 시

Ladies and gentlemen, we are ready to take-off.
However, we have been asked to wait here by the control tower,

선택

ⓐ *due to heavy congestion on the runway.*

ⓑ *due to heavy congestion on our air route(over China).*

ⓒ *due to changing our runway.*

선택

ⓐ *We expect to take-off in about ___ minutes.*

ⓑ *We will take-off as soon as we receive clearance.*

장시간 대기 시

ⓐ *We will now show you a short video while you wait.*

ⓑ *We will now offer some drinks(/and snacks).*

비정상적 상황 안내방송

1. 항공기 제빙작업

1-1 항공기 제빙작업(De-icing)

제빙작업

손님 여러분,

선택

ⓐ 우리 비행기는 (잠시 후) 제빙작업장으로 이동하여 비행기 기체와 날개에 쌓여있는 눈(/서리)을 제거할 예정입니다.

ⓑ 우리 비행기는 지금 제빙 작업장에 도착하여 비행기 기체와 날개에 쌓여있는 눈(/서리) 제거작업의 순서를 기다리고 있습니다.

ⓒ 우리 비행기는 현재 위치에서 기체 및 날개에 쌓여있는 눈(/서리)을 제거할 예정입니다.

ⓓ 계속되는 폭설로 기체에 쌓인 눈을 다시 제거할 예정입니다.

선택

ⓐ 이 작업은 약 ___분이 걸릴 것으로 예상되며, 이는 항공기의 안전을 위한 절차니 양해해 주시기 바랍니다.

ⓑ 이 작업은 항공기의 안전을 위한 절차니 양해해 주시기 바랍니다.

Ladies and gentlemen,

선택

ⓐ *We would like to inform you that we are going to the de-icing pad to remove snow(/frost) from the aircraft.*

ⓑ *We would like to inform you that we are at the de-icing pad now and waiting for our turn to remove snow(/frost) from the aircraft.*

ⓒ *We would like to inform you that we will remove snow(/frost) from the aircraft.*

ⓓ *We would like to inform you that we will remove snow(/frost) from the aircraft again due to continuous heavy snow.*

선택

ⓐ *This process will take about ___ minutes.*

ⓑ *This is to ensure your safety.*

Thank you for your patience.

2. 회항 및 항로변경

2-1 회항결정 후 안내(기상관제)

회항 전 안내

안내말씀 드리겠습니다.

공항 관제탑으로부터 지금 ___공항에 (안개가 너무 짙어/ 눈이 너무 많이 내려/ 비가 너무 많이 내려/ 바람이 너무 심하게 불어) 이·착륙을 할 수 없다는 연락을 받았습니다.

손님 여러분의 안전을 위해 우리 비행기는

선택

ⓐ ___공항에 임시 착륙할 예정입니다.

ⓑ ___공항으로 되돌아갈 예정입니다.

ⓒ 목적지를 변경해 ___공항에 착륙할 예정입니다.

기장의 연락에 따르면, 안전 운항에는 전혀 지장이 없으며 공항에는 앞으로 약 ___분 후에 도착하겠습니다.

자세한 사항은 도착 후 다시 알려드리겠습니다.

Ladies and gentlemen,
due to poor weather conditions at ___airport caused by dense fog(/a typhoon/ heavy snow/heavy rain/strong winds),

선택

ⓐ *we will be landing at ___airport.*
ⓑ *we will be returning to ___airport.*
ⓒ *we will be diverting to ___airport.*

We will be landing in ___ minute.
We will provide more information as soon as it becomes available.
Thank you for your understanding.

3. 승객불편

3-1 서비스 중단

Turbulence로 인한 서비스 중단 시

지금 비행기가 심하게 흔들리고 있어 잠시 식사(/음료/기내판매)서비스를 중단하겠습니다.
기류가 안정되는 대로 서비스를 다시 시작하겠으니 양해해 주시기 바랍니다.

We must also suspend cabin service until the conditions improve.
Thank you for your understanding.

서비스 미실시

또한, 이같은 상태가 오랫동안 지속될 것으로 예상돼, 식사(/음료) 제공이 어렵겠습니다.
이는 손님 여러분의 안전을 위한 조치니 양해해 주시기 바랍니다.

We expect to have this condition for a while.

For your safety, we are unable to offer our meal(/beverage) service.
Thank you for your understanding.

4. PAGING

4-1 PAGING : GENERAL
일반 Paging

손님을 찾습니다.
손님 여러분 중에 ___님, ___님 계시면 저희 승무원에게 말씀해 주십시오.

Paging Mr.(Ms.) ___, paging Mr.(Ms.) ___, please contact one of our cabin crew.

4-2 PAGING : DOCTOR
의사, 간호사 Paging

안내말씀 드리겠습니다.
지금 기내에 응급환자가 발생했습니다.
손님 중에 의사 선생님이 계시면 저희 승무원에게 말씀해 주십시오.

Ladies and gentlemen,
we have a passenger in need of emergency medical care.
If there is a medical doctor on board, please contact one of our crew.

4-3 PAGING : DOCTOR 2차
의사, 간호사 Paging

다시 한 번 안내말씀 드리겠습니다.

지금 기내에 응급환자가 발생해 도움을 필요로 하고 있습니다.
손님 중에 의료인, 응급구조사가 계시면 승무원에게 말씀해 주십시오.
감사합니다.

Ladies and gentlemen,
we have a passenger in need of emergency medical care.
If there is a medical doctor or other medical professional on board,
please contact one of our crew.

4-4 분실물 습득 : 기내

분실물 관련 Paging

안내말씀 드리겠습니다.

선택

ⓐ ___을 보관하고 있습니다.
　손님 중에 ___에서 ___을 분실하신 분이 계시면
ⓑ 기내에서 ___을 분실하신 분이 계십니다. 혹시
　습득하신 분이 계시면
저희 승무원에게 말씀해 주십시오.

Ladies and gentlemen,

선택

ⓐ *we have found ___.*
　would the passenger who lost a ___ in(at) ___.
ⓑ *we have a passenger who has lost a ___ in(at) ___.*
　would the passenger who has found a ___.
Please contact one of our cabin crew.

5. 기내난동

5-1 기내난동 승객발생 : 항공기 출발 전

일반

손님 여러분,
지금 일부 손님의 탑승 안전 문제로 출발이 지연되고 있습니다.
잠시 후에 출발하겠으니 양해해 주시기 바랍니다.

Ladies and gentlemen,
due to a security concern involving one(/some) of our passengers, our departure is being delayed.
We expect to depart in a few minutes.

6. 기내 비상사태

6-1 기내화재

기내 화재 발생 시

손님 여러분,
지금 비행기 내에 작은 화재가 발생하여 저희 승무원들이 진압하고 있습니다.
저희 승무원들은 이런 경우에 대비하여 잘 훈련되어 있습니다.
손님 여러분께서는 동요하지 마시고 침착하게 승무원의 지시에 따라주시기 바랍니다.

Ladies and gentlemen,
a minor fire has broken out in the cabin, but it is now under control.
Please do NOT be alarmed.
We ask you to please follow the instructions of our cabin crew, well trained for this type of situation.
Thank you for your cooperation.

6-2 폭발물 위협 : 정보 입수

필요할 경우

안내말씀 드리겠습니다.
공항 관계기관에 의해 비행기 보안점검이 실시되겠습니다.

선택

ⓐ 손님 여러분께서는 보안요원의 점검이 진행되는 동안 자리에서 기다려주시기 바랍니다.

ⓑ 손님 여러분께서는 지금부터 비행기에서 내리셔서 보안요원의 점검이 진행되는 동안 지정된 대기장소에서 기다려주시기 바랍니다.

선택

ⓐ 갖고 계신 짐은 모두 가지고 내려주십시오.

ⓑ 갖고 계신 짐은 기내에 두고 내려주십시오.
자세한 사항은 다시 알려드리겠습니다. 감사합니다.

Ladies and gentlemen,
we have been advised by the airport authorities that extensive security check of the aircraft is required.

선택

ⓐ *We kindly ask you to remain seated until the security check is completed.*

ⓑ *We kindly ask you to deplane and wait in the terminal until the security check is completed.*

선택

ⓐ *Please keep your personal belongings with you when you deplane.*

ⓑ *Please leave all your baggage on board when you deplane.*
We regret this inconvenience and will keep you informed.
Your cooperation will be appreciated.

6-3-1 DEPERSONALIZATION

Emergency : 준비되지 않은 비상사태

비상 강하 중!
벨트를 매고 마스크를 코와 입에 대십시오.

Attention!
Emergency Descent!
Fasten your seatbelt!
Put the mask on your nose and mouth!

6-3-2 EMERGENCY : 준비된 비상사태

비상 착륙(/착수) 시 : 준비된 비상사태

손님 여러분, 주목해 주십시오.
긴급 사태가 발생했습니다.
이 비행기는 약 ___분 후에 비상착륙(/착수)하겠습니다.
저희 승무원들은 이러한 상황에 대비해 충분히 훈련을 받았습니다.
침착해 주시고 지금부터 객실승무원들의 지시에 따라주십시오.

Ladies and gentlemen, we need your attention.
We will have to make an emergency landing(/ditching) in about ___ minutes.
We are trained to handle this situation.
Remain calm and follow the instructions of your Cabin Crew.

항공 용어

기상요인

이곳 ___공항의(목적지___공항의) 기상관계 *Unfavorable Weather Conditions Around ___Airport*

낙뢰 *Lightning*

눈보라 *Snow Storm*

짙은 안개 *Dense(Heavy) Fog*

태풍 *Typhoon / Hurricane / Cyclone*

폭설 *Heavy Snowfall*

폭우 *Heavy Rain*

활주로 제설작업 *De-icing on Runway*

정비 및 보안

항공기 점검 *The Technical Check of This Aircraft*

관제탑의 기기고장 *System Break-down of A.T.C*

우리 앞에 있는 다른 항공기의 고장 *An Aircraft Breakdown Ahead of US*

기내업무 방해행위(기내 난동) *Cabin Disobedience*

항공기 내 보안검색(실시) *Cabin Security Check(s)*

운송요인

출항서류를 기다리는 관계로 *Waiting for the Aircraft Documents*

보안 검색대 혼잡 *Congestion at the Security Check Point*

운항 및 ATC요인

공항 혼잡*Airport Congestion*

관제탑의 지시*Request of A.T.C*

군사훈련*Military Exercise(Drills)*

비행경로상의 혼잡*Air-route Congestion*

대학수능시험 듣기평가*English Listening Test for College Entrance*

이륙 허가*Take-off Clearance*

조류 퇴치*Removal of the Bird*

활주로 변경*Runway Change*

기타용어

감압*Decompression*

감압증*Decompression Sickness*

감염*Infection*

강한 바람*Strong(Heavy) Wind*

강한 뒷바람*Strong Tailwind*

강한 맞바람*Strong Headwind*

검역*Quarantine*

결항*Flight Cancellation*

경련*Muscular Contraction(Cramp)*

고기압*High(Atmospheric) Pressure*

고도*Flying Altitude*

관제탑*Air Traffic Control Tower*

관제탑의 기기고장*System Break-down of Air Traffic Control Tower*

관제탑의 지시*Request by Air Traffic Control Tower*

공중납치*Hijacking*

공중대기*Circulation / Stand by*

공항라운지*Airport Lounge*

공항버스*Ramp(Shuttle) Bus*

공항폐쇄*Airport Closing*

공항혼잡*Airport Congestion*

공항흡연실*Airport Smoking Lounge*

공항화장실*Airport Restroom*

군사훈련*Military Exercise(Drills)*

급성만취(Sudden)*Alcohol Intoxication*

급유*Fueling*

기내설비*In-flight Service Unit(Facility)*

기내식*In-flight Meal*

기내안전*In-flight Safety*

기내업무방해행위(기내난동)*Cabin Disobedience(s)*

기내판매*In-flight Sales*

기류변화*Air Stream Change*

기내온도*Cabin Temperature*

기도개방*Airway Opening*

기도폐쇄 *Choking*

기상관계*Weather Condition Issue*

기상변화*Weather Condition Change*

기상조건*Weather Ccondition(s)*

기절*Faint(Loss of Unconsciousness)*

기체손상*Aircraft Damage*

계절풍*Seasonal Wind*

과호흡*Hyperventilation*

귀빈영접(환송) 행사*V.I.P Welcoming(Farewell) Ceremony*

귀중품*Valuables*

낙뢰*Lightning(Ground Discharge)*

날짜 변경선*International Date Line*

낮은 구름*Low(Middle) Cloud*

눈보라*Snowstorm*

뇌졸증*Brain Paralysis*

당뇨 *Diabetics*

당뇨혼수*Diabetic Emergency Coma*

돌풍*Gust Wind*

동상*Frostbite*

대한민국영공*Airspace of the R.O.K*

대학수능시험듣기평가*The English Listening Test for Korean College Entrance Exam*

따뜻한 음료*Hot Beverage*

만리장성*Great Wall of China*

말라리아*Malaria*

맞바람*Headwind*

멀미*Motion Sickness*

면세품*Duty Free Product*

맥박*Pulse*

발작*Stroke*

버스탑승*Bus Boarding*

보안검색*Security Check(s)*

보안검색대 혼잡*Congestion at Security Check Point*

보조동력장치(APU)*Auxiliary Power Unit*

복통*Abdominal Pain*

비디오시스템 고장*Break-Down of Video Control System*

비디오테입 이상*Problems on Video Tapes*

비상사태*Emergency*

비상착륙*Emergency Landing*

비행거리*Flying Distance*

비행기이상*Aircraft Control Issue*

서비스물품*Service(Amenity) Item*

선수단 환영(환송)행사*Welcoming(Farewell) Ceremony of Sport Athletes*

섭씨*Celsius*

소음규제 규정*Noise Control Regulation*

수술*Medical Operation*

수증기 현상*Moisture(Vapor) Effect*

수하물 하기*Baggage Unloading*

수혈*Blood Transfusion*

승객탑승*Passenger Boarding*

승객하기*Passenger Deplaning*

시계불량*Poor Visibility*

시원한 음료*Cold Drinks(Beverage)*

식사서비스*Meal Service*

식중독*Food Poisoning*

심장마비*Cardiac Paralysis*

세관신고서*Customs Form*

세관절차*Customs Clearance Procedure*

안전운항*Flight Safety*

야간운항 제한시간*Night Time Curfew*

여압장치*Cabin Pressure System*

연기*Smoke*

연결편 승객*Connecting Passenger*

연료누출*Fuel Leak*

연료방출*Fuel Dumping*

열대성 저기압*Tropical Low Pressure*

열사병*Heat Stroke*

열차탑승*Train Boarding*

온도*Temperature*

온도조절장치이상*Malfunction of Temperature Control Unit*

온천*Hot Spring*

우리 앞에 있는 다른 항공기의 고장*An Aircraft Breakdown Ahead of US*

운항취소*Flight Cancellation*

엔진이상*Engine Problem*

음료서비스*Beverage Service*

응급환자*Emergency Patient*

이륙허가*Take-off Clearance*

이상한 냄새*Abnormal Smell*

이상한 소음*Abnormal Noise*

이통*Ear Ache*

인공호흡*Artificial Respiration*

입국카드*Entry Card*

임시착륙(Temporary)*Landing*

입국장혼잡*Immigration Area Congestion*

입국절차*Immigration Process*

입항허가*Entry Clearance*

장마 *Rainy Season(Spell)*

저기압*Low Air Pressure*

저산소증*Hypoxia*

전원공급*Power Supply*

전자기기*Electronic Device*

정상온도*Normal Temperature*

정신질환*Mental Illness*

정전*Blackout*

조류퇴치*Bird Removal*

조류충돌*Bird Strike*

주기장*Parking Area*

지상조업*Ground Supporting*

지연도착*Delay in Arrival*

진눈깨비*Snow Sleet*

짙은 안개*Heavy(Dense) Fog*

재급유*Refueling*

제빙작업*De-icing*

제설차량*De-icing Car*

좌석재배치*Seat Re-arrangement*

착륙금지*Landing Suspension*

착륙허가*Landing Clearance*

출발허가*Departure Clearance*

출산*Child Birth*

출입국직원*Immigration Officer*

출입문*Exit Door*

출항서류*Departure Document*
코피*Nose Bleeding*
타박상*Bruise*
탑승구*Boarding Exit*
태풍*Typhoon*
통과카드*Transit Card*
파업*Labor Strike*
폭발물*Explosive*
폭설*Heavy Snowfalls*
폭우*Heavy Rain*
결항*Flight Cancellation*
항공기 교체*Aircraft Change*
항공기연결*Aircraft Connection*
항공기사고*Aircraft Accident*
항공기점검*The Technical Check of This Aircraft*
항공료 환불*Ticket Refund*
항공법*Aviation Law*
항로*Air(Flight) Route*
항로변경 *Air Route Change*
항로혼잡*Air Route Congestion*
혈압*Blood Pressure*
호텔체재 *Hotel Accommodation(Lodging)*
호흡*Breathing*
호흡장애*Breathing Abnormalities*
해무*Advection(Sea) Fog*
화물 재배치*Cargo(Baggage) Relocation*
화물 칸*Cargo Compartment*
화물 탑재*Baggage Loading*
화상*Burn*
화재*Fire*
화씨*Fahrenheit*

환자이송*Patient Relocation*

활주로결빙*Runway Freezing*

활주로침수*Runway Flood Damage*

활주로변경*Runway Change*

활주로 제설작업*Runway De-icing*

활주로폐쇄*Runway Closing*

황사현상*Yellow Sand Phenomenon*

황열병*Yellow Fever*

회항*Diversion(Divert)*

X-Ray 검색대*X-ray Check Point*

In-flight Announcement

부 록

공항 명과 도시 명

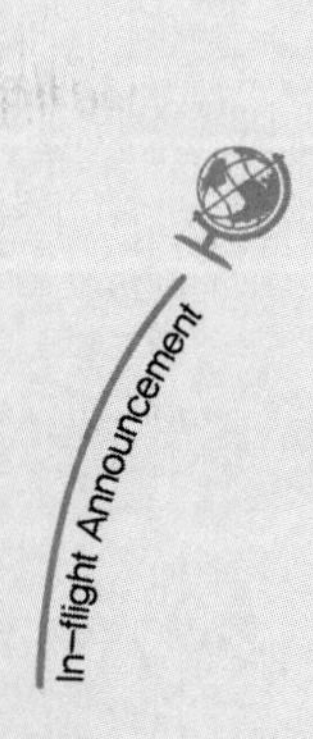
In-flight Announcement

1. 국외공항

- 도시 명과 공항 명은 취항지의 3Letter를 기준으로 알파벳 순서로 정렬한다.
- 한국어 표기는 현지어 발음을 원칙으로 한다.
- 도시 명과 공항 명이 같을 경우, 공항 명 표시는 생략한다.
- 공항 명의 경우 'international airport'를 생략한다.

CODE	도시 명		공항 명	
AKL	오클랜드	Auckland		
AMS	암스테르담	Amsterdam	스키폴	Schiphol
ANC	앵커리지	Anchorage	테드 스티븐스	Ted Stevens
AOJ	아오모리	Aomori		
ATL	아틀란타	Atlanta	하츠필드	Hartsfield
AXT	아키다	Akita		
BAH	바레인	Bahrain		
BKK	방콕	Bangkok		
BNE	브리즈번	Brisbane		
BOM	뭄바이	Mumbai	차뜨라빠띠 쉬바지	Chatrapati Shivaji
BOS	보스턴	Boston	로간	Logan
CAI	카이로	Cairo		
CDG	파리	Paris	샤를드골	Charles De Gaulle
CGK	자카르타	Jakarta	수카노하타	Soekarno Hatta
CHC	크라이스트처치	Christchurch		
CMB	콜롬보	Colombo		
CTS	삿포로	Sapporo	뉴치토세	New Chitose
DEN	덴버	Denver		
DFW	달라스	Dallas	포트웰스	Fortworth
DPS	덴파사	Denpasar	발리 응우라라이	Bali Ngurah Rai
DXB	두바이	Dubai		
EWR	뉴어크	Newwark		

CODE	도시 명		공항 명	
FCO	로마	Rome	피우미치노	Fiumicino
FRA	프랑크 푸르트	Frankfurt		
FUK	후쿠오카	Fukuoka		
GRU	상파울루	Saopaulo	과루료스	Guarulhos
GUM	괌	Guam		
AHN	하노이	Hanoi	노이바이	Noibai
HIJ	히로시마	Hiroshima		
HKG	홍콩	Hongkong		
HKT	푸켓	Phuket		
HNL	호놀룰루	Honolulu		
IAD	워싱턴디씨	Washington D.C	덜레스	Dulles
JFK	뉴욕	New York	존에프 케네디	John F. Kennedy
KIJ	니가타	Nigata		
KIX	오사카	Osaka	간사이	Kansai
KMG	쿤밍	Kunming	우자빠	Wujiaba
KOJ	가고시마	Kagoshima		
JUL	콸라룸푸르	Kuala Lumpur		
LAX	로스엔젤리스	Los Angeles		
LHR	런던	London	히드로	Heathrow
MAD	마드리드	Madrid	바라하스	Barajas
MNL	마닐라	Manila	니노이아키노	Ninoy Aquino
NAN	난디	Nadi		
NGO	나고야	Nagoya		
NGS	나가사키	Nagasaki		
NRT	도쿄	Tokyo	나리타	Narita
OIT	오이타	Oita		
OKA	오키나와	Okinawa	나하	Naha
OKJ	오카야마	Okayama		
ORD	시카고	Chicago	오해어	O'Hare
PEK	베이징	Beijing	캐피털	Capital
SDJ	센다이	Sendai		

CODE	도시 명		공항 명	
SFO	샌프란시스코	San Francisco		
SGN	호치민	Hochiminh	탄손넛	Tan Sonnhat
SHA	상하이	Shanghai	푸동	Pudong
SHE	선양	Shenyang	타오쎈	Taoxian
SIA	시안	Sian	쎈양	Xianyang
SIN	싱가포르	Singapore	창이	Changi
SPN	사이판	Saipan		
SVO	모스크바	Moscow	쉐레미트예보	Sheremetyevo
SYD	시드니	Sydney	킹스폴드 스미스	Kingsford Smith
SYX	산야	Sanya	평황	Fenghyang
TAO	칭다오	Qingdao	류팅	Liuting
TLV	텔아비브	Tel Aviv	벤구리온	Ben Gurion
TNA	지난	Jinan	야오챵	Yaoqiang
TPE	타이베이	Taipei	장카이석	Chiang Kai Shek
TSN	톈진	Tianjin	빈하이	Binhai
ULN	울란바토르	Ulaan Baatar	부얀 우하	Yuyant Ukhha
VIE	비엔나	Vienna		
VVO	블라디보스토크	Vladivostok		

2. 국내공항

CODE	지역 명	공항 공식명칭
CJJ	청주	청주 국제공항
CJU	제주	제주 국제공항
GMP	서울	김포 국제공항
HIN	진주 / 사천	진주 사천공항
ICN	인천	인천 국제공항 (서울-인천 국제공항 : 국제선)
KAG	강릉	강릉공항

CODE	지역 명	공항 공식명칭
KPO	포항	포항공항
KUV	군산	군산공항
KWJ	광주	광주공항
MPK	목포	목포공항
MWX	무안	무안공항
PUS	부산	김해 국제공항
RSU	여수 / 순천	여수공항
SHO	속초	속초공항
TAE	대구	대구 국제공항
USN	울산	울산공항
WJU	원주	원주공항
YEC	예천 / 안동	예천 / 안동 공항
YNY	양양	양양 국제공항

REFERENCES

대한항공 홈페이지.
목소리 사용설명서, 안대성, 예솔, 2015.
미국 존스 홉킨스 의과대학 홈페이지.
사우스웨스트항공 홈페이지.
신기한 발음법, 능률영어교육연구소, 능률교육, 2006.
아나운서 실기, 표준말 실기, 경운현, 아나운서전문아카데미, 2002.
아랍에미레이트 항공 홈페이지.
에어부산 홈페이지.
이스타항공 네이버 블로그.
이스타항공 홈페이지.
제주항공 홈페이지.
중국어회화, 김혜경, Dgis, 2005.
진에어 유투브 동영상.
진에어 홈페이지.
티웨이 항공 홈페이지.
Asiana Airlines In-Flight Announcement, 2011.
Korean Air In-Flight Announcement Ⅰ, 2013.
Korean Air In-Flight Announcement Ⅱ, 2013.
Metro News
Parker Adventive Hospital 홈페이지.
Travel bike news
http://braze.com
www.happy-flight.jp
www.her.ie
www.professional.uk
www.return2health.net
www.somaticvision.com

In-flight Announcement